Sigismund Broel Plater

Die Arbeiterverhältnisse in den Eisen- und Bergwerken des Königreichs Polen

Sigismund Broel Plater

Die Arbeiterverhältnisse in den Eisen- und Bergwerken des Königreichs Polen

ISBN/EAN: 9783744711586

Hergestellt in Europa, USA, Kanada, Australien, Japan

Cover: Foto ©Suzi / pixelio.de

Weitere Bücher finden Sie auf **www.hansebooks.com**

Die Arbeiterverhältnisse

in den

Eisen- und Bergwerken

des

Königreichs Polen.

—

INAUGURAL-DISSERTATION

zur

Erlangung der Doctorwürde

Einer Hohen philosophischen Fakultät

— Universität Heidelberg —

vorgelegt

von

Graf Sigismund Broel Plater

aus

Die Arbeiterverhältnisse

in den

Eisen-Fabriken und -Bergwerken

des

Königreichs Polen

von

Graf Sigismund Broel Plater.

———•———

Inhalts-Verzeichniß.

Seinem

hochverehrten Lehrer

dem

Herrn Geheimrath Prof. Dr. Knies

als Ausdruck vorzüglicher Hochachtung

widmet dieses Werkchen

der Verfasser.

Die Arbeiterverhältnisse in den Eisen-Fabriken und -Bergwerken des Königreichs Polen.

(Ein Beitrag zur allgemeinen Arbeiterfrage.)

Erstes Kapitel.

Einleitung.

Historisches. Es ist unbestimmt, wann man in Polen die Eisen- erze zu schmelzen angefangen hat; gewiß ist es aber, daß jener Industrie- zweig zu den ersten Versuchen des allgemeinen Bergbaues gehörte. [1) Die erste Nachricht darüber finden wir beim Historiker Dlugosz (in seiner „Historia Poloniae lib. II") indem er erzählt, daß Boleslaus I. im Jahre 1025 bei der Begabung der Kirchen und Klöster mit Gütern, für die Krone einzig und allein die Gewinnung des Goldes be- anspruchte und alle anderen Metalle, d. h. Eisen, Silber, Kupfer und Blei (auch Salz) dem Privatbetriebe überließ. [2) [3) Czacki in seinem

---

[1) Die Gewinnung des Eisens (2—3 Kilo täglich in kleinen Thonöfen) war seit den ältesten Zeiten in Polen wie in andern Ländern bekannt. Die ange- gebenen Daten sollen also nur Entwicklungsperioden bezeichnen, Zeiten, seit denen man diesem Betrieb den Namen: Industriezweig geben kann.

[2) „Boleslaus rex dotavit ecclesias, attribuens eis praedia et castra cum pertinentiis earum, scilicet servitiis diversorum, officiorum, proventus rerum mobilium et immo- bilium tam praesentium quam futurarum, terra nascientium, scilicet ferri, plumbi, argenti et salis sine exceptione, auri vero cum exceptione."

Dlugosz Histori Poloniae lib. II.

[3) In einer Privat-Bibliothek zu Krakau befindet sich ein Akt von 1222 durch welchen der Krakauer Bischof einer Kirche Einkommen verschreibt: „viginti tres salis, quadraginta urnas mellis, centum ligaturas ferri," was auf den Bestand verhältnißmäßig größerer Eisenwerke hinweist.

Buche „Ueber die polnischen und lithauischen Gesetze" (Ende des vorigen Jahrhunderts) sieht das XIII. Jahrhundert als Gründungsperiode für die Roheisen=Schmelzöfen an. Osinski (der Verfasser eines im Jahre 1782 erschienenen, wirthschaftlich sehr bedeutenden Buches u. b. Titel „Die Lehre von den Eisenerzen," giebt die ersten Frischfeuer und Eisen= hämmer schon zur Zeit Königs Sigismund I., ungefähr gegen 1500, an.

Das Hervorbringen des Eisenerzes und dessen Schmelzung galten in Polen nie als Regalien [4]) und wurden demnach mit den sogenannten „Zehntelabgaben" (dziesiecina) für den Fiskus nicht belastet. Die Eisen= produktion, welche sich seit den ältesten Zeiten in Händen von Privat= personen befand, wurde in kleinem Umfange, aus Erzen, welche an der Erdoberfläche sich befanden und leicht zum Schmelzen gebracht werden konnten, in möglichst billig hergestellten Oefen vorgenommen. In den vormals so zahlreichen Fiskusgütern wurden bis in das 18. Jahrhundert so= genannte „privilegia minerae ferrariae" für Bergwerke und privi'egia ferrariae officinae" zum Bau von Eisenfabriken gegen sehr geringe Abgaben an die Krone ertheilt. Die Starosten zwar, welche Güter als panem bene mae- rentium zum lebenslänglichen Besitz erhielten, wollten keine Gründungs= und Betriebskosten auf sich nehmen und verpachteten Bergwerke und Fabriken an Spezialisten, die seit dem 17. Jahrhundert vornehmlich aus Ungarn und Italien nach Polen siedelten.

Im Jahre 1472 (König Casimir Jagiellonus) tauchte auf dem Landtage zu Korczyn der erste Gedanke einer Besteuerung der Eisenfabriken auf. Es wurde für die gesammte Metallindustrie die sogenannte „contri- butio fertonum" [5]) (ferto -- 12 damalige Groschen) eingeführt, welche jedoch nur kurze Zeit dauerte, denn schon im Jahre 1520 (König Sigismund I.) begegnen wir der sogenannten Kopfsteuer, welche seit dem Landtag in Brom= berg 1519 in Kraft getreten ist. [6]) Außer dieser Kopfsteuer belasteten keine anderen Abgaben die Eisenproduzenten in Polen. [7])

Dieses wird bestätigt durch ein privilegium des Königs Stephan Batory vom Jahre 1583, in welchem der entsprechende § lautet: „inventores de metallis et mineris, illis ad quos spectant decimam partem pendere tenebuntur excepto ferro de quo ita observabitur quemadmodum in

---

[4]) Alle Tiejenigen jedoch, welche neue Eisenfabriken oder Bergwerke anlegen wollten, mußten vom König die Erlaubniß dazu bekommen, unter Nachweis ge- nügender Fachkenntnisse und Gründungsmittel.
Bandtkie „Jus Polonicum" Seite 311.

[6]) Entsprechender §: mineratores alias rudniey solvent a capite et officinae per unum florenum, uxores et pueri eorum per grossos sex.
Łabęcki: Der Bergbau in Polen.

regno nostro moris etc." Dieses Kapitel bezieht sich auf die Kopfsteuer und Pacht.

Zur Zeit Königs Sigismundus III. (Zeit 1600) kamen die ersten ausländischen Meister nach Polen und brachten ganz neue Systeme in Anwendung, wodurch großer Aufschwung in der Eisenfabrikation erzielt wurde. Ein Italiener Johannes Hieronymus Caccia macht sich im russischen Kriege (1612) durch Waffenanfertigung so verdient, daß er vom König das sogenannte „privilegium ferri et chalybis" erhielt, d. h. das Recht, 16 Jahre lang im ganzen Königreiche allein Stahl produziren zu dürfen. Jener Caccia war der Gründer vieler, vor wenigen Jahren im östlichen Bezirk noch bestehenden Fabriken.

Im 18. Jahrhundert (ungefähr 1725) wurden fast zugleich mit der Gründung der Hochöfen im heutigen Oberschlesien auch die ersten ziemlich zahlreichen Hochöfen im Königreich gebaut. Zur Zeit der Regierung der letzten polnischen Könige und vornehmlich des letzten Stanislaus August Poniatowski, dem das Land so viel nutzbringende Anstalten verdankt, wurden auch in der Eisenindustrie große Fortschritte gemacht. Die großen Waldbestände wiesen, zu einer Zeit, wo das Holz fast keinen Werth hatte, auf Ausnutzung derselben in Hüttenwerken hin. Bis dahin wurden in den Kronbomänen die seltenen Bergwerke und Fabriken verpachtet und waren überhaupt als gar keine Einnahmequellen zu betrachten. König Stanislaus wollte daher einen guten Anfang machen und gründete in Piorkow (Staatsbomäne im Departement Sandomierz) eine Eisenhütte, deren Entwicklung jedoch durch die bald darauf folgenden Theilungen des Landes wesentlich gehindert wurde. Die Produktion war aber trotz diesem von oben gegebenen Anstoß verhältnißmäßig noch immer unbedeutend, denn sie betrug im Jahre 1782 in Lithauen und im Königreich zusammen nur 78600 Cnt. jährlich. [8])

Nach der letzten Theilung Polens im Jahre 1796 gingen die Eisendistrikte an Preußen und Oesterreich über, und zwar so, daß Preußen das damalige Kalischer, Oesterreich die Departements von Sandomir und Krakau bekam.

Die preußische Regierung gründete schon im Jahre 1798 die damals sehr bedeutenden Eisenfabrikanstalten zu Panków. Minister Graf Redern, dem der preußische Bergbau so viel verdankt, machte auch hier seine planvolle Entwicklungsthätigkeit geltend. Jene Fabriken verfielen leider nach der Bildung des Herzogthums Warschau fast gänzlich, so daß sie mit Anrechnung des jährlichen Reinertrags auf 8415 Gul. pol. W. bei der endgültigen Festsetzung der herzoglichen Civilliste zu den Kronbomänen geschlagen und dadurch sozusagen dem Staate vom Halse geschafft wurden. *)

In den Oesterreich zugetheilten Provinzen wurden zu derselben Zeit sehr wenig Neuerungen eingeführt. Unter dem Oberberginspektor Carl Lill von Lilienbach gewannen nur die Eisenhütten in Parnów und Mostki (bei Kielce) an Bedeutung, sonst wurde der polnischen Eisenindustrie kein besonderes Interesse zugewendet.

Zur Zeit des Herzogthums Warschau befanden sich die Eisenfabriken in einer sehr schlimmen Lage; nach der Annektirung des Landes von Rußland im Jahre 1815 war es demnach eine der ersten Hauptaufgaben der neuen Regierung, jener industriellen Krise abzuhelfen.

Die 1 Hälfte des Jahrhunderts brachte aber trotz dem auf allen anderen Gebieten beginnenden Aufschwunge in der Eisenfabrikation nur geringe Fortschritte.

Hand in Hand mit dieser schwachen Entwicklung der Technik, der Ausbeutung der Bergwerke, Gewinnung und Verarbeitung des Roheisens stieg die Produktion sehr unbedeutend. Demgemäß war nur eine kleine Zahl von Arbeitern in den Fabriken beschäftigt, und auch diese waren nicht Fabrikarbeiter im strengen Sinne des Wortes, da fast jeder von ihnen zugleich Besitzer einer eigenen bäuerlichen Wirthschaft war. ¹⁰)

In den Jahren 1818 - 21 schlossen sich die meisten alten Kulturstaaten Europa's vom Verkehr ab, und es lag für einen Staat wie Rußland um so weniger Veranlassung vor, seinen Markt den handeltreibenden Nationen zu öffnen. Von der Natur mit Rohstoffen aller Art ausgestattet, reich an Korn, an Hanf, Flachs und Holz, an Wolle, Pelzwerk und Häuten, an Eisen, Kupfer und Steinkohle, wäre es allerdings so recht geeignet gewesen, gegen seine Rohstoffe die Fabrikate des Gewerbefleißes da einzutauschen, wo sie am billigsten waren. Doch zog es vor, selbst Hüttenwerke und Fabriken zu errichten und schlug daher in seiner Handelspolitik den Weg ein, auf dem alle Staaten gewandelt waren und auf dem die meisten derselben sich noch befanden. Der Tarif von 1821 und 1842 belegte wie alle übrigen, so auch die Eisenfabrikate, mit hohen, thatsächlich den Ausschluß bewirkenden Zöllen, oder verbot ihre Einfuhr gänzlich. (So die Roh- und Stabeisen-Einfuhr zur See.) Maschinen gingen dagegen frei ein. Die Hochofenindustrie wurde dadurch von dem drohenden Untergang bewahrt. Ihr Antheil an der Befriedigung des inländischen Bedarfs wuchs seit Belastung des ausländischen Eisens, die Zahl der in der Berg- und Hütteninustrie angestellten Arbeiter stieg be-

---

*) Żółtowski: Die Finanzen des Herzogthums Warschau. Posen 1830.
¹) Während der Erntezeit mußten die Fabriken oft ihren Betrieb einstellen wegen Mangels an Arbeitern.

deutend, und es wurden neue Kräfte an Kapital und Intelligenz jener Industrie zugeführt durch die Aussicht auf einen sicheren Gewinn. Die Technik des Hochofenbetriebs blieb keineswegs stehen, wie es der Frei=handels=Theorie zufolge hätte geschehen müssen. Vielmehr vollzog sich an der schlesischen Grenze (und zwar ohne große Erschütterungen) der Uebergang zum Coaksbetriebe. Die von den schlesischen Coakswerken entfernter liegenden Fabriken suchten durch die besondere Güte des bei Holzkohlen erblasenen Roheisens die Preisdifferenz gegen das Coakseisen auszugleichen.

Eine rasche und intensive Ausdehnung der Eisenfabrikation trat in den 40er Jahren mit der Einführung der ersten Dampfmaschinen in diesen Zweig der einheimischen Industrie und mit der Entstehung der Aktiengesellschaften ein, welche mit ihrer starken Kapitalmacht die ersten wirklich bedeutenden Fabriken gründeten. Es trug dazu auch die Ver=besserung der Kommunikationsmittel viel bei.

Die Warschau=Wiener Eisenbahn (aus den 40er Jahren), lange Zeit die einzige im Königreich Polen, streifte nur auf einer kleinen Strecke den westlichen Bergbezirk. (Siehe beiliegende Karte.) Alle Fabriken des östlichen Bezirks dagegen lagen 10—15 Meilen von ihr entfernt. Die Bahn Iwangorod-Dombrowa (erbaut im Jahre 1885), welche das ganze Eisengebiet durchschneidet, stellte endlich eine regel=mäßigere und wohlfeilere Verbindung mit den verschiedenen Märkten her und erschloß dem inländischen Handel ein weites Absatzgebiet.

Die amtlichen Statistiken über die gesammte Eisenproduktion sind vom Jahre 1888 ab noch nicht im Druck erschienen. Im Jahre 1888 wurden im Königreich Polen 5 069 806 Pud Eisen produzirt, wovon 287 236 Pud auf den Staatsbetrieb, 4 782 570 auf den Privatbetrieb kommen. [11])

Der Produktionszuwachs in den Privatfabriken stellt sich von 1878/88 wie folgt:

Jahr	Menge	Einheit
1878	1,897,918	Pud
1879	1,695,072	„
1880	2,387,876	„
1881	2,552,289	„
1882	3,366,345	„
1883	2,494,279	„
1884	2,356,926	„
1885	2,466,892	„
1886	2,831,690	„
1887	3,717,500	„
1888	4,782,570	„ [12])

---

[11]) Amtliche Statistik für russisches Berg- u. Fabrikwesen, zusammengestellt von S. Kulibin. (Siehe Quellen.)
[12]) S. Kulibin.

Bis zum Jahre 1891 hat sich diese Zahl ungefähr um 1½ Millionen Pud vergrößert. [13])

„Die gesammte Eisenproduktion erreichte im Jahre 1887 in ganz Rußland 37,389,281 Pud, d. h. ungefähr 12½ Millionen Pud mehr als im Jahre 1878. (Im Jahre 1888 40,715,676 Pud.) [14]) Obgleich die Produktion so enorm erscheint, ist trotzdem der Eisenimport viel größer als der Export." Es wurden z. B. im Jahre 1887 12,118,889 Pud Eisen eingeführt, dagegen nur 388,612 Pud ausgeführt. [15])

Gleichwohl hat die Eisenindustrie im Königreich Polen keine großen Aussichten auf günstige Entwicklung, denn es liegt im Charakter der modernen Volkswirthschaft, daß der Kleinbetrieb durch den Großbetrieb mit seiner Kapitalmacht verdrängt wird. So haben denn auch in Polen die Fabriken, welche über ein bedeutendes Kapital verfügen (darunter hauptsächlich die im Besitz von Aktiengesellschaften befindlich n) noch Aus= sicht auf weiteren Fortbestand; eine große Zahl der kleinen dagegen ist bereits geschlossen, und den mittleren steht größtentheils dasselbe Schicksal bevor. Als eine der wichtigsten weiteren Ursachen dieses Prozesses ist die Konkurrenz der russischen Fabriken anzuführen und die damit ver= bundenen, für die polnische Industrie ungünstigen Transporttarife. Der polnische Markt weist schon längst eine Ueberproduktion auf, und das Eisen wurde vornehmlich nach Rußland abgesetzt, das eben durch die neuesten Differentialtarife sich gegen diese Einfuhr schützen will.

Ein fernerer Uebelstand ist darin zu suchen, daß fast in allen Eisenfabriken, die weiter von der Grenze liegen, bei der Schmelzung des Erzes noch Holzkohle verwendet wird. Das Königreich besitzt zwar ein reiches und ausgedehntes Steinkohlenlager; die hier gewonnene Kohle kann jedoch nicht koaksirt werden, und da bei den Hochöfen nur Koaks (oder Holzkohle) verwendbar ist, muß dieser vom Auslande (hauptsächlich von Schlesien) bezogen werden, was für die in der Mitte des Landes ent= fernter liegenden Fabriken mit großen Kosten verbunden ist. Holzkohle kam daher bis jetzt wohlfeiler zu stehen. Indessen werden die Wälder mit jedem Jahr an Umfang geringer, der Preis der Holzkohle steigt (in den letzten zwanzig Jahren ein Korb d. h. 20 Scheffel von 1,40 Rubel auf 4 Rubel) und mit ihm die allgemeinen Produktionskosten, was den Reingewinn fortwährend vermindert. Die vor drei Jahren durchgesetzte Erhöhung der bestehenden Prohibitivzölle wurde vom Jahre 1890 ab fast

---

[13]) Trotzdem die statistischen Nachrichten fehlen, bin ich zu solch einer Be-hauptung berechtigt auf Grund der Kenntniß der allgemeinen Fabrikverhältnisse.
[14]) S. Kulibin.
[15]) S. Kulibin.

völlig durch den hohen Rubelkurs ausgeglichen, denn man bekommt für diesen Rubel trotz der Grenzzölle billiger das Eisen im Ausland. Deshalb sind auch die Eisenpreise in letzter Zeit sehr gefallen; das Roheisen z. B. von 80—95 Kopeks der Pud auf 60 Kop. Diese Preisschwankungen üben jedoch keinen Einfluß auf die Höhe des Arbeitslohnes, der fast immer derselbe bleibt. Sie hängen nur insofern mit der Arbeiterfrage zusammen, daß, wenn der Eisen = Verkaufspreis sich nicht erhöht und dauernd so niedrig bleibt, eine Menge von kleineren Fabriken bankerott, viele Arbeiter arbeitslos werden.

Sämmtliche Berg= und Hüttenwerke in Rußland werden in Bezug auf den Besitztitel in fünf Klassen eingetheilt: 1.) die Kron=Berg= und Hüttenwerke, 2.) solche, die zum Ressort des kaiserlichen Kabinets gehören, 3.) Possessionsbergwerke, 4.) die Privat=Berg= und Hüttenwerke auf Privatland und 5.) Privat=Berg= und Hüttenwerke auf Kronland.

Ein bevorstehendes Gesetz beabsichtigt die Possessionsbergwerke, die von der Krone auf unbestimmte Zeit an Privatherren in Pacht gegeben sind, aufzuheben und den bisherigen Pächtern ganz abzutreten. Von den fünf Klassen sind im Königreich Polen nur drei vorhanden: d. i. 1.) die Kron=Bergwerke, 2.) die Privat=Berg= und Hüttenwerke auf Privatland, 3.) die Privatbergwerke auf Kronland. Von den unter 3.) erwähnten giebt es nur einzelne. Gleicherweise wie mit den Possessionsbergwerken will man auch so viel wie möglich Kronbergwerke veräußern und den Berg= und Hüttenbau in die Hände von Privatpersonen bringen. Jene Fabriken und Bergwerke beschäftigten in Polen im Jahre 1888 : 2,227 Arbeiter (im Jahre 1887 10,341), davon in den Fabriken 6817 gelernter, 2550 ungelernter, in den Bergwerken 2620 gelernter, 247 ungelernter Arbeiter. Der Privatbergwerk= und Fabrikbetrieb beschäftigte 11,661, der Staatsbetrieb 566. [16])

Ueber die Vermehrung der Arbeiterzahl besitzen wir von 1888 ab noch keine offiziellen Berichte; man darf jedoch aus der Zunahme der — technisch nicht veränderten — Produktion schließen, daß auch die Arbeiterzahl entsprechend gewachsen ist.

Der Unterschied zwischen dem polnischen Fabrikarbeiter und dem westeuropäischen ist ein sehr großer. Demgemäß können die im Auslande auf die Arbeiter bezüglichen Wohlfahrtseinrichtungen hier nur in beschränktem Maße angewendet werden. Der polnische Arbeiter, welcher dem Bauernstande angehört, steht bis jetzt noch auf einer sehr niedrigen Kulturstufe. Allgemeine Schulpflicht giebt es nicht und die vorhandenen

Volksschulen sind an Zahl und Ausstattung zu ungenügend, um einen nennenswerthen Einfluß auf die Bildung der Arbeiterbevölkerung zu üben. Von irgendwelcher politischer Reise, von irgend einem Verständniß für Rechte der Arbeiter ist bei der Mehrzahl keine Rede. Die sozialistischen Gedanken und Forderungen sind glücklicherweise noch nicht über die Grenze gekommen und einige in letzter Zeit vorgekommene Strikes in den an der Grenze liegenden Fabriken haben keinen Zusammenhang mit den ausländischen sozialistischen Bewegungen, sind vielmehr durch rein vorübergehende Miß- stände hervorgerufen. Das Volk ist leicht verführbar, läßt sich aber durch eine kluge und gerechte Hand lenken. Obgleich sehr wenige Gesetze und Anordnungen über Arbeiterverhältnisse bis jetzt vom Staate erlassen sind, befinden sich doch die Arbeiter auf jedem Schritt unter der Vormund- schaft des Staates, der in jeder Angelegenheit, welche die in den Fa- briken arbeitende Bevölkerung betrifft, eingreifend wirkt.

Zweites Kapitel.

(Schilderung der thatsächlichen materiellen und moralischen Zustände der Arbeiterbevölkerung.)

§ 1. Einkommenverhältnisse.

(Lohnhöhe.)

Eine ungleiche Vertheilung der Güter überhaupt, der Arbeit und des Genusses, der Leistung und der Befriedigung, hat immer bestanden, und man hat zu allen Zeiten und unter allen Völkern dagegen angekämpft. Bei den modernen Völkern treten neben den uralten Unterschieden zwischen Reich und Arm noch eine Reihe von Erscheinungen auf, welche man als die sozialen Uebelstände des heutigen Industrialismus, der sogenannten kapitalistischen Produktionsweise zu bezeichnen pflegt. Fast alle Mittelpunkte der Großindustrie haben ihr Fabrikproletariat, dessen harte Arbeiten und Entbehrungen die öffentliche Aufmerksamkeit auf sich lenken. Wenn man sich aber bei uns mit jener brennenden Frage beschäftigt, trifft man von vornherein auf eine bedeutende Schwierigkeit der Darstellung, da die statistischen Nachrichten in Bezug auf Lohnverhältnisse gänzlich fehlen. Es kommt hier die ungeheure Mannigfaltigkeit der Arbeitsarten [1]) in der Eisenindustrie in Betracht, von denen jede anders bezahlt wird und verschieden in jeder Fabrik; außerdem ist die schon erwähnte bäuerliche Wirthschaft des größten Theils der Arbeiterbevölkerung hervorzuheben.

---

1) a) Roheisen, b) geschmiedetes und gewalztes Eisen, Luppeneisen, Eisenbahnschienen, Stahl, c) façonirtes Eisen, roh vorgeschmiedet zu groben Maschinen- oder Wagenbestandtheilen. Eisen- und Stahlblech weder polirt noch abgeschliffen, d) Eisen- und Stahlblechplatten, polirt, verzinnt, Eisen- und Stahldraht, Stahlseiten, e) Eisengußwaaren, d. h. alle die nicht abgedreht, gefeilt, gelocht, gebohrt, polirt, gefirnißt ꝛc. sind, (also gemeine) f) Eisenwaaren, feine, aus Guß ꝛc. wie sub e)

Ich muß mich daher auf eine Schilderung der durchschnittlichen Löhne in den verschiedenen Distrikten und einzelnen Fabriken beschränken, die sich ausnahmslos auf die Privatberichte stützt, welche ich von den Direktionen aller bedeutenderen Anstalten bekommen habe.

Die Arbeiter der Eisenfabriken des Königreichs Polen muß man dreifach eintheilen, um sich die Lohnfrage und Lohnhöhe klar zu machen. 1.) Bäuerliche Arbeiter und eigentliche Fabrikarbeiter, 2.) Arbeiter in den kleineren Fabriken und Arbeiter in den großen (vornehmlich Aktiengesell= schaften gehörenden) Fabriken, 3.) gelernte und ungelernte Arbeiter (Hülfsarbeiter).

ad 1.) Die Arbeiter, welche eine eigentliche bäuerliche Wirthschaft besitzen, vor Allem die des östlichen Bezirks (siehe Karte), können sich natürlicherweise mit einem geringeren Lohne begnügen, da sie außer der Fabrikarbeit noch andere Erwerbsquellen haben. Durchschnittlich besitzt Jeder ein Pferd, welches ihm, nach Gegenden und Verhältnissen verschieden im Dienste der Fabrik durch Beförderung von Holzkohlen, Erz, Eisen u. s. w. von 75 Kop. bis zu 1,50 Rub. tägliches Einkommen bringt. Er hat größten= theils eigene Wohnung, Feld und Wiese, sowie unentgeltliches Heiz= und Baumaterial, da fast überall die Waldservituten noch bestehen; deshalb können auch seine Lohnansprüche geringere sein als die der eigentlichen Fabrikarbeiter, welche mit diesem Lohn alle ihre Lebensbedürfnisse decken müssen.

ad 2.) Es ist eine allgemein bekannte Thatsache, daß die Lohn= verhältnisse in den großen Fabriken viel günstigere sind als in den kleinen. Der Grund ergiebt sich daraus, daß bei kleinem Betriebe nur mit möglichst geringen Produktionskosten ein genügender Reingewinn erzielt werden kann, in den großen dagegen, wo Alles nur auf massenhafter Produktion be= ruht, kann schon ein kleines Prozent die Ansprüche der Arbeitgeber befriedigen.

ad 3.) Die Eintheilung der Arbeiter in gelernte und ungelernte übt einen mächtigen Einfluß auf die Aufstellung fester Preisnormen, und der Unterschied zwischen dem Lohn der einen und dem der andern ist ein sehr bedeutender.

Der Arbeitslohn ist überall in der Weise eingerichtet, daß in jeder Fabrik Lohntabellen aufgestellt sind, nach denen der Lohn für jeg= liche Arbeit normirt wird. Er hängt also von der Größe und der Güte der Produktion ab, so daß der Arbeiter in der einen Woche mehr, in der anderen weniger bekommen kann. Dieses System hat den Zweck, die Arbeitsamkeit und genaue Ausführung der Arbeit zu fördern; jeder etwas gescheitere Arbeiter berechnet nach der Menge der produzirten Pud Eisen selbst seinen Lohn und weiß ganz genau was er zu fordern hat.

In allen kleineren Fabriken des östlichen Bezirks, von welchen jede nur einer einzelnen Privatperson gehört, schwanken die durchschnittlichen Löhne zwischen 20—50 Kop. für die ungelernten, zwischen 50—150 Kop. für die gelernten Arbeiter.

In der großen Klasse der ungelernten Arbeiter gewährt hier der Durchschnittslohn auch nur einer mittelstarken Familie bloß die nothwendigste Bedürfnißbefriedigung, was in Polen wie im Ausland bis jetzt nicht geändert werden konnte. Der gewöhnliche Satz erhebt sich hier selten über 50 Kop., die Norm ist (15) 20--35 Kop. Jenes Uebel wird hauptsächlich durch die geringe Arbeitsfähigkeit dieser Hülfsarbeiter und durch die Konkurrenz bedingt, wie sie durch übermäßige Kindererzeugung und das Arbeitsangebot der Unverheiratheten neben den Verheiratheten entsteht, wenn also mehr Arbeitskräfte da sind, als verlangt werden. — Es ist hervorzuheben, daß die Zustände in den Fabriken, welche Aktiengesellschaften gehören, viel besser erscheinen, wenn jene auch im östlichen Bezirke liegen.

In „Starachowice" und „Klimkiewiczów" (Aktiengesellschaften) bekommen die ungelernten Arbeiter 30—50 Kop., die gelernten bis 2 Rub., und dieser Lohn wird hier wie überall vom Pud fertigen Produktes berechnet.

Im westlichen Bezirke, wo vorwiegend nur Fabrikarbeiter beschäftigt werden und das Leben in jeder Beziehung viel theurer ist, finden wir eine bedeutende Erhöhung des täglichen Arbeitsverdienstes. In der größten der dortigen Fabriken Huta Bankowa („Bankhütte" Franco italien. Aktiengesellschaft) sind die Lohnverhältnisse und die Fabrikordnung überhaupt nachahmenswerth. Die Hülfsarbeiter bekommen 60 Kop. bis 1 Rub., die gelernten haben ein fixes Einkommen vom Pud (theilweise auch Stücklohn), welches auf die verschiedenen Arbeiter-Kategorien vertheilt wird und bis zu 4 Rub. täglich steigen kann. Außerdem bekommen die Arbeiter bei den Pudlingofen Prämien von der Quantität des erarbeiteten Eisens aus einem bestimmten Quantum von Roheisen; in den Stahlgießereien ähnliche Prämien von der Tonne Stahl. Die Prämien hängen ab von der Genauigkeit und der sorgfältigen Ausführung der Arbeit. Die Werkmeister bekommen z. B. Prämien, welche durch die gemachten Ersparnisse an Maschinenöl, Heizmaterial u. a. bedingt sind. Durchschnittlich bekommen alle Arbeiter 1,50 Rub. täglich, was sogar im Ausland fast nirgends zu finden ist. [16])

In der Katharinahütte (Filiale der Schlesischen Königs- und Laura-

---

16) Vgl. Handwörterbuch der Staatswissenschaften: Lohnstatistik für Deutschland. S. 696—97.

hütte) stellt sich der Lohnverdienst auf 1—3 Rub. pro 10stündige Schicht; in Milowice (Filiale der schlesischen Friedrichshütte) von 50 Kop. bis 3 Rubel.

Einige Warschauer Fabriken, wie die „Aktiengesellschaft für Maschinen=bau und die gleichnamige Aktiengesellschaft unter der Firma K. Rudzki" bezahlen den gewöhnlichen Tagarbeitern bis 75 Kop. täglich (d. h. 7 Kop. pro Stunde ungefähr) den gelernten Arbeitern (welche alle Stückarbeiter sind) bis 3,50 Rub. pro Tag.

Die Lohnauszahlung findet überall gewohnheitsgemäß jede zwei Wochen statt und nur in baarem Gelde mit Abrechnung dessen, was der Arbeiter als Vorschuß vorher genommen, oder des Preises der Waaren, welche er aus dem Fabrikladen bezogen hat. [19]) Der Vorschuß wird nirgends auf mehr als auf einen halben Monatsverdienst gewährt.

Antheil der Arbeiter am Geschäftsgewinn ist nirgends vorhanden, und er wäre für sie, meiner Ansicht nach, wenig vortheilhaft. Auf einer niedrigen Kulturstufe, wo die Arbeitskraft und =Lust, sowie der Erwerbsfleiß gering sind, kann nichts Derartiges vorgenommen werden. Ohne kapitalistische Betheiligung seitens der Arbeiter wäre es ja, wie ich glaube, überhaupt nur in der Art möglich, daß die Arbeiter in dem Lohne schon einen Theil des Gewinnes bekämen; ihr Gewinn=Antheil könnte also nur durch Ver=minderung dieses Lohnes erlangt werden. Es könnte, mit einem Wort, nur eine Art patriarchalischer Gewinnbetheiligung eingeführt werden, die aber wenig vortheilhaft wäre, weil die Arbeiter dadurch auf ganz neue Gedanken und neue Bedürfnisse hingewiesen würden, demnach ein Fortschritt zwar auch zum liberalen Patronat, aber auch zum Sozialismus stattfinden würde. [20])

Das System der Gewinnbetheiligung wird bei uns sehr selten bei den Konsumvereinen angewendet, selbst wenn die Arbeiter Aktien besitzen. Einige Fabrikanten würden oft höhere Löhne bezahlen, wenn es nur ihre Konkurrenten auch thun wollten. Bis jetzt ist natürlich keine Rede von Koalitionen oder Gewerkvereinen der Arbeiter, und nur solche große Ar=beiterverbindungen könnten in dieser Hinsicht manche Verbesserungen für die Gesammtheit anregen. Ein friedlicher Ausgleich zwischen Arbeit und Kapital wird natürlich einem erbitterten sozialen Zukunftkriege mit Verlust auf beiden Seiten vorzuziehen sein.

---

[19]) Siehe „Konsumanstalten".

§ 2. Ausgabewirthschaft der Arbeiter.

Es ist ungeheuer schwer, die Ausgaben der Arbeiter festzustellen und zu normiren, wenn wir Rücksicht nehmen auf die bäuerliche Wirthschaft der Mehrzahl und auf den Mangel an statistischen Nachrichten in dieser Beziehung. Der Arbeiter im östlichen Bezirk ist Landwirth in freien Stunden, und man darf wohl behaupten, Landwirth aus Liebe für diese Thätigkeit. Er gewinnt aus dem Boden seine Hauptnahrungsmittel, wie Kartoffeln, Buchweizen und Gerste; Fleisch erscheint auf seinem Tisch selten, wenn er wohlhabender ist, und nur 2—3 mal im Jahr, wenn er zu den Aermeren gehört; Speck wird zwar viel gebraucht, aber nur als Würze der täglichen Speisen. Man muß hier hervorheben, daß der Bauer sehr streng alle von der katholischen Kirche vorgeschriebenen Fasten beobachtet, so daß er 72 Tage im Jahre „trocken" fastet, d. h. keine Eier, Butter, Milch und Fleisch genießt. Außerdem fastet er noch jeden Freitag und Sonnabend das ganze Jahr hindurch. In einigen Diözesen wird von den Bischöfen ein Dispens von einem Theil der trockenen Fasttage zum Wohl der Arbeiter erlassen.

Jeder Bauer besitzt ein, zwei, bisweilen drei Pferde, die ihm zum Bebauen seines Grundstücks dienen und ihm im Dienste der Fabrik ein gutes Einkommen verschaffen (siehe oben). Die Kinder werden hier als Wagenführer gebraucht, so daß der Vater sich um die Pferde nicht zu kümmern braucht. Sein Grundstück und Wiese genügen selten, um ihm die nöthige Menge von Heu, Stroh und Hafer zu liefern, und das Alles muß in größerer oder kleinerer Menge zugekauft werden.

Die Wäsche und ein Theil der Kleidungsstücke werden von den Bauern selbst aus Leinen hergestellt. Den Rest ihres Bedarfs decken sie in den Konsumläden oder auf den jährlich mehrmals in jedem Städtchen abgehaltenen Märkten. Die Juden hatten fast überall lange Zeit den Handel in den Händen und benützten die Gelegenheit, um die Bauern auszubeuten. Hiergegen haben jedoch die in den letzten Jahren aus privatem Anlaß gegründeten Konsumanstalten ein wirksamstes Präservativmittel gebildet.

Die Arbeiter benützen als Beleuchtungsmaterial meist Petroleum, hie und da noch Talgkerzen. Petroleum ist in Polen sehr wohlfeil (5—7 Kop. b. Liter); deshalb sind auch die Ausgaben für Beleuchtung sehr gering.

Die Arbeiter des östlichen Bezirks sind meistentheils Bauern, welche im Jahre 1864 aus Leibeigenen zu Grundeigenthümern gemacht worden sind. Diese Grundeigenthumverleihung, ein spätes Nachspiel der glorreichen Stein=Hardenberg'schen Gesetzgebung vom Jahre 1810—1813, wurde aber nur zum Theil durchgeführt, da den Bauern noch das Recht auf Be=

nußung des Waldes des Besißers gelassen wurde. Sie haben also die
Befugniß, dort ihr Heizmaterial zu holen, Vieh zu weiden, Bauholz zu
beziehen u. a. Alles das nach verschiedenen Gegenden in verschiedener
Menge und Art. Dieses Servituten=Recht wurde aber nur den im Jahre 1864
vorhandenen Bauern=Kolonien gewährt. Dieselben haben sich seit der
Zeit überall sehr stark vermehrt, bekommen jedoch nur soviel, als ur=
sprünglich für jede Kolonie staatlich bestimmt war. Daher haben die
Bauern je nach Gegend und Ausdehnung des Dorfes genug Holz zum
Hausbau, oder müssen solches hinzukaufen, wenn sie eine größere Menge
oder bessere Sorte gebrauchen. Es geschieht gewöhnlich auf die Weise,
daß der Bauer bei seinen Nachbarn Servitutenbauholz sich erbittet, gegen
die Verpflichtung, von dem ihm jährlich zugewiesenen Quantum in der Zeit
von 10—15 Jahren jenes zurückzugeben. Die geringen kulturellen
Fortschritte, die in den letzten 30 Jahren zu konstatiren sind, beruhen hier
jedenfalls nur auf dem immer mehr freigelegten und gesicherten Eigen=
thum. Der Drang nach Landbesiß ist aber in den bäuerlichen Kreisen
so stark, daß öfters die höchsten Bodenpreise gezahlt werden für eine
Scholle, deren Ertrag meistens in keinem Verhältnisse zu den Mühen
ihrer Bewirthschaftung steht. Deßhalb ist auch jenes staatliche Verbot,
von den ursprünglichen Bauern=Kolonien ein Stück Land zu verkaufen,
von großer Bedeutung, denn es würde eine solche Zersplitterung in den
Fabrikdistrikten, wo der Boden fast durchgängig schlecht ist, die größten
Kalamitäten herbeiführen. Man muß dabei in Betracht ziehen, daß die
Lage der bäuerlichen Besißungen in den Fabrikdistrikten eine ungünstige
und daß die Fortschritte der Landwirthschaft sehr wenig erfreulich sind. [21])

Ganz anders sind die Zustände in dem westlichen Bezirk. Es be=
kommen hier die Arbeiter einen viel höheren Lohn, und da Servituten
und bäuerliche Wirthschaft der Arbeiter selten vorhanden sind, so sind sie
nur auf ihren täglichen Fabrikverdienst angewiesen. Fabrik=Wohnhäuser
sind fast überall vorhanden. (Siehe oben § 5.) Heizmaterial wird
den Arbeitern billig geliefert, da die Gegend an Steinkohlen sehr
reich ist. Verschiedenartige Fabriken sind hier zahlreich und bilden oft
fast kleine Städte, wo der Arbeiter Alles bekommt, was zur Befriedigung
seiner Bedürfnisse nöthig ist. Leßtere sind hier aber viel höher gestellt, was
als natürliche Folge der höheren Civilisation bezeichnet werden kann.

---

21) Die meisten bäuerlichen Höfe kann man im östlichen Bezirk als Zwergwirth=
schaften bezeichnen, die dem Besißer sehr selten das zum Leben nöthige Unterhalts=
minimum gewähren. Nur die heutzutage wenig zahlreichen Bauern, welche über
10 Morgen (20 deutsche Morgen) Grund besißen, beschäftigen sich rein mit Landwirth=
schaft; alle anderen finden in der Fabrikarbeit ihre Haupterwerbsquelle.

Eine entsprechende Lohnhöhe für die einzelnen Arbeiter und ihre Leist=
ungen zu bestimmen, ist ein ebenso schwer lösbares Problem wie das der
gerechten Vertheilung der Güter überhaupt. In der langen Reihe
von Lohnklassen der Arbeiter in den Eisenfabriken des Königreichs Polen
reicht aber unzweifelhaft der Durchschnittslohn hin, dem Arbeiter eine
behagliche Existenz zu verschaffen. Als Ausnahme darf man nur den
gew. Hülfsarbeiter im östlichen Bezirk anführen (siehe oben). Der
Begriff „Lebenshaltung", im Englischen „Standard of life" genannt, spielt
überhaupt eine sehr wichtige Rolle bei der Lösung der sozialen Probleme.
Man versteht darunter eine Art Normalmaß der Ansprüche des Arbeiters
an das Leben. Deshalb ist mit höherem Lohn allein dem Arbeiterstande
noch nicht geholfen. Es kommt auf den Gebrauch an, den man vom
Lohn macht, auf das Wirthschaften, Haushalten und Selbstversichern für
Zeiten von Krankheiten, Arbeitslosigkeit oder Alter. Neben großer Hand=
fertigkeit und Geschicklichkeit sind mithin dem Arbeiter auch höhere geistige
Charakter=Eigenschaften anzuerziehen, und man hat daher die ganze
Arbeiterfrage mit Recht eine Erziehungs= und Bildungsfrage genannt.
Der polnische Arbeiter zählt nicht und führt keine Bücher, was ihm auch
schwer ankommen würde, wenn wir bedenken, daß die älteren Arbeiter
(besonders im östlichen Bezirk) mit wenigen Ausnahmen nicht lesen und
schreiben können. Es ist Thatsache, daß bei ihnen nicht der geringste
Sinn für Sparsamkeit zu entdecken ist. Die besser gestellten geben öfters
(im westlichen Bezirk) ihren ganzen Verdienst für die unnöthigsten Sachen
aus (die Arbeiterfrauen gehen größtentheils in geschmuggelter Seide ge=
kleidet, die Männer spielen Karten und kneipen im Wirthshaus). Die
hier in letzter Zeit gebildeten Sparkassen haben sehr wenig Anklang ge=
funden und daher auch sehr wenig Mitglieder. Die Warschauer Fabrik=
arbeiter können als Ausnahme bezeichnet werden, da sie in jeder Beziehung
ein viel wirthschaftlicheres Leben führen und überhaupt auf einer höheren
Entwicklungsstufe sich befinden.

Es ist mir nach sehr mühevollem Forschen theilweise gelungen, Arbeiter=
Budgets aufzustellen. Die Möglichkeit, daß hier verschiedene Mängel und
nicht ganz richtige Zahlen zu finden sind, ist nicht ausgeschlossen. Eine solche
Darstellung der ökonomischen Arbeiterverhältnisse wird in Rußland bis jetzt
nirgends vorgenommen. Meine Ermittelungen sind die Frucht persönlicher
Thätigkeit auf diesem Gebiete und beruhen nur auf den Angaben, welche ich
von den Arbeitern selbst in den verschiedenen Fabriken gesammelt habe.
Ich nehm dabei Rücksicht auf den verschiedenartigen Erwerb des Arbeiters, d. h.
den der gelernten und den der Hülfsarbeiter und wiederum auf die
Eintheilung in Arbeiter, Bauern und eigentliche Fabrikarbeiter.

Die in meiner Gegend (östlicher Fabrikbezirk) gesammelten Angaben über die Hülfsarbeiter, Bauern (deren Lohn zwischen 20 – 40 Kop. schwankt) ergaben Folgendes:

Einnahmen	N. Ko. per Woche	N. Ko. per Jahr	Ausgaben (für Mann und Frau)		R. Ko. per Jahr
Durchschnittlicher Verdienst des Vaters (wenn man annimmt, daß er 320 Tage im Jahr arbeitet) 35 Kop. täglich.	2 10	112 00	Kleidung: f. d. Mann	8	.
			„ f. d. Frau	10	.
			Beschuhung: f. d. Mann	5	.
			„ f. d. Frau	5	.
			Beleuchtung.	3	.
			Nahrung für Beide.	40	.
			Steuer.	2	.
			Krankenkasse und Schule.	5	.
In Summa		112 00	In Summa	78	00
Der Bauer besitzt auch hier ein kleines Grundstück, welches ihm einen Theil der Nahrungsmittel liefert.			112 — 78 = 34.		

Es bleiben also 34 Rub. jährlich für Ernährung und Erziehung der Kinder bis zu ihrem zwölften Lebensjahr; das Stück Feld liefert zwar fast die ganze Nahrung, einen Theil der Kleidung, der Wald das Heiz-, theilweise auch das Beleuchtungsmaterial; trotzdem befindet sich, wie gesagt, diese Lohnklasse in einer exceptionell starken Nothlage, welche so lange dauert, bis die Kinder fähig sind, mitzuarbeiten und selbst ihren Lebensunterhalt zu gewinnen.

Der Erwerb und die Ausgaben der gelernten Arbeiter-Bauern (welche dazu noch ein Pferd besitzen) erweisen im östlichen Bezirk ungefähr folgendes Budget:

Einnahmen	R. Ko. per Woche	R. Ko. per Jahr	Ausgaben (für Mann und Frau)		R. Ko. per Jahr
Durchschnittlicher Verdienst des Vaters, wenn man annimmt, daß er 300 Tage im Jahre arbeitet (seine jährliche Arbeitszeit kann eine kürzere sein, da er besser gestellt ist, 65 Kop. täglich. (Ein Pferd täglich ungefähr 75 Kop., bei 200 Arbeitstagen im Jahre (die übrigen Tage des Jahres zu Feldarbeiten gebraucht).	3 90	195	Kleidung f. d. Mann		15 .
			„ f. d. Frau		18 .
			Beschuhung f. d. Mann		8 .
			„ f. d. Frau		7 .
			Beleuchtung		5 .
			Nahrung f. beide		73 .
			Steuer		4 .
			Krankenkasse		4 .
			Schule		4 .
	4 50	150	Unterhalt d. Pferdes		30 .
			In Summa		170 00
In Summa		345	345 — 170 = 175.		

Es bleiben also für die übrigen Lebensbedürfnisse 175 Rub. jährlich. Etwa dasselbe, bei wirthschaftlichem Leben sogar günstigere Budget finden wir bei den Arbeitern des westlichen Bezirks. Der tägliche Arbeits= verdienst ist hier ein viel höherer, muß aber die sämmtlichen Lebenskosten decken, da die Arbeiter kein Feld und kein Pferd besitzen. Ich bin jedoch nicht im Stande, das Budget dieser Arbeiter festzustellen, da ich nicht die Gelegenheit hatte, die Verhältnisse an Ort und Stelle kennen zu lernen. Der durchschnittliche Lohn erweist sich hier, wie gesagt, als ein sehr hoher (1,50 Rubel täglich). 1,50 Rub. $\times$ 300 Tage [22] = 450 Rub., eine Summe, welche die Unterhaltskosten reichlich decken sollte.

§ 3. Arbeitszeit.

(Arbeitstag, Sonntags= und Nachtarbeit.)

Der Arbeitstag im weiteren Sinne ist die Zeit von Anfang bis Ende der täglichen Arbeit und umfaßt die Zahl der Arbeitsstunden und die Pausen für Ausruhen und Essen. Der Arbeitstag im engeren Sinne ist die wirkliche Arbeitszeit. [23] — Sofern sich in der Idee des Normal= arbeitstages der Gedanke ausspricht, daß auch der Arbeiter einige Stunden des Tages der Erholung und der Sammlung widmen, daß er in dieser Zeit seiner Familie leben und daß auch ihm das Glück zu theil werden

---

[22] 300 Arbeitstage im Jahr kann man als normales Maß der Thätigkeit eines Arbeiters bezeichnen, so auch Böhmert: Handwörterbuch d. Staatswissenschaft. S. 762.
[23] Schönberg: Die gewerbliche Arbeiterfrage.

soll, sich eines Heims zu erfreuen, so ist schon in diesem Verlangen allein, sofern es aus der Arbeiterwelt selbst herauskommt, ein bemerkenswerther Kulturfortschritt zu erblicken. Volksbildung und Volkskultur sollten sich auf diesem Gebiete geltend machen. Bei uns ist leider nichts Derartiges vorgekommen; nie hat ein Arbeiter an Minderung der Arbeitsstunden gedacht und nie sein Urtheil darüber ausgesprochen; deshalb bleiben auch die Zustände auf derselben Stufe stehen, auf welcher sie sich seit Jahrzehnten schon befinden, und die hie und da zu Gunsten der Arbeiter getroffenen Aenderungen entstammen nur der Menschenfreundlichkeit und der zur Wohlthätigkeit geneigten Gesinnung der Arbeitgeber. Ein die Arbeitszeit normirendes Gesetz ist in Rußland bis jetzt nicht vorhanden, und es giebt überhaupt keine staatlichen Vorschriften, nach denen sich die Arbeitgeber richten könnten. [24])

Trotzdem entspricht die Arbeitszeit in den Eisenfabriken des Königreichs Polen völlig den Forderungen der modernen Kultur und Humanität. Sie beträgt gewohnheitsgemäß nirgends mehr als zwölf Stunden, zwei Stunden Pausen eingerechnet, so daß der eigentliche Arbeitstag (im engeren Sinne) fast nie zehn Stunden Arbeit überschreitet. Diese Arbeitsdauer trifft bei allen Arbeitern ohne Ausnahme zu, einerlei, ob sie den jugendlichen oder erwachsenen angehören.

Man muß zur richtigen Beurtheilung der Verhältnisse vor Allem hervorheben, daß bei den Hochöfen während der ganzen öfters 2—3 Jahre dauernden Gangperiode der Betrieb nicht unterbrochen werden kann. Es würde hier aus technischen Gründen schon eine kurze Einstellung der Arbeit die gänzliche Störung des Unternehmens herbeiführen. Die anderen Fabriken wie Walzwerke, Blechhütten, Gießereien u. a. können ihren Betrieb unterbrechen. Es geschieht dies auch überall, obgleich es in den großen Anstalten mit vielen Schwierigkeiten und Kosten verbunden ist. Die Arbeitgeber haben hie und da diese Arbeitseinstellungen an Sonn- und Feiertagen beseitigen wollen, trafen aber auf eine berechtigte Opposition der Arbeiter und mußten von der Durchführung ihrer Pläne abstehen. — Die Sonntags- und Nachtarbeit ist also in der Eisenfabrikation (Sonntagsarbeit bei den Hochöfen) nicht zu vermeiden. Ihre Nachtheile werden durch einen regelmäßigen und streng durchgeführten Schichtwechsel zu verringern gesucht. Um aber näher auf den Gang dieses Schichtwechsels eingehen zu können, müssen zuvor einige Bemerkungen über die Arbeiter im Allgemeinen hier ihre Stelle finden.

---

[24]) Einzige Maßregel: das Gesetz betreffend die Kinder- und Frauenarbeit unter § 10.

Die Arbeiter werden überall in drei Klassen eingetheilt:

1.) Die gemeinen Tagearbeiter. Diese werden auf den Tag zur Arbeit genommen (gewöhnlich von 6 Uhr früh bis 6 Uhr Abends), können aber z. B. von 12 Uhr Mittags die Arbeitsstätte verlassen, ohne ihren Anspruch auf den Lohn für die Stunden, in denen sie gearbeitet haben, zu verlieren. Sie haben früh ¹/₂ Stunde Pause zum Frühstücken, 1 Stunde für Mittagessen und ¹/₂ Stunde zum Ausruhen um 3 Uhr Nachmittags. Es sind ungelernte Arbeiter (manoevres), welche alle gemeine Hülfsarbeiten verrichten, in der Nacht und Sonntags nur selten beschäftigt werden. — 2.) Die Accorbarbeiter (Stückarbeiter) vor Allem in den Eisenwerkstätten und in den Bergwerken; die Zeit der Arbeit hängt natürlich von dem Erwerbsfleiß des betreffenden Arbeiters ab. 3.) Die Schichtarbeiter (ouvriers) verrichten die Hauptthätigkeiten in den Eisenfabriken. Sie werden nicht auf Stunden wie die gemeinen Tagarbeiter angestellt, sondern fest auf den ganzen Tag (von 6 Uhr früh bis 6 Uhr Abends oder umgekehrt), während welcher Zeit sie die Arbeitsstätte nicht verlassen dürfen. Sie haben keine Pausen, da ihre Arbeit keine andauernde ist. Diejenigen z. B., welche auf dem Hochofen beschäftigt sind, haben zwischen jeder Schichte Kohle oder Erde, die sie einschütten, 10—15 Minuten Ruhezeit; ihre eigentliche Arbeit berechnet sich also nur auf einige Stunden. Bei den Publing- und Schweißofen, wo das Roheisen zum Eisen verarbeitet wird, ist die Arbeit viel anstrengender. Die Leute arbeiten hier 2 Stunden, nach denen sie 1¹/₂ bis 2 Stunden ausruhen. Verhältnißmäßig ist also die Arbeit der Schichtarbeiter viel leichter als die der Hülfsarbeiter, welche außer den Pausen fortwährend beschäftigt sind.

Der Schichtwechsel geschieht auf zweifache Weise: 1.) bei jedem Hochofen sind z. B. nur zwei Schmelzer (welche die Aufsicht über die übrigen Schichtarbeiter haben und deren Arbeit mit weniger Anstrengung verbunden ist), bei jeder Maschine zwei Maschinisten. Wenn der Arbeiter A. die ganze Woche Nachtarbeit hatte, dann muß er Sonntags 24 Stunden auf der Schichte bleiben, um in der nächsten Woche zur Tagarbeit überzugehen. Darauf hat er zwölf Stunden Pause und beginnt Montags 6 Uhr früh die Tagsschicht. Der Arbeiter B. hat also 24 Stunden frei von Sonnabend bis Sonntag während der 24 stündigen Arbeit des Arbeiters A. ²⁶) Zu dieser Kategorie gehören auch die wenigen Hülfsarbeiter, welche zugleich Nachtdienst leisten müssen. Jener Uebelstand der 24-stündigen Arbeitszeit betrifft, wie gesagt, nur sehr wenige Arbeiter,

---

²⁶) Schon abgeschafft in den größeren Fabriken, wo das Arbeiterpersonal zahlreicher ist.

deren Thätigkeit auch sonst eine sehr leichte und kurze ist, und ihnen während der Dienststunden sogar ermöglicht, einige Zeit auszuruhen, da sie immer Gehülfen haben. Bei den übrigen Schichtarbeitern, deren Zahl keine so beschränkte ist, geschieht der Schichtwechsel auf die Weise, daß eine dritte Arbeiterpartie die beiden ersten ablöst. Wenn der eine z. B. von 6 Uhr früh bis 6 Uhr Abends arbeitet, wird der zweite von 6 Uhr Abends bis 6 Uhr früh eingestellt, von welcher Zeit ab ein dritter die Arbeit auf zwölf Stunden übernimmt, so daß der erste nach 24 stündigem Ausruhen zur Nachtschichte übergeht. Da diese 24 stündige Pause jede zwei Tage stattfindet, berechnet sich die durchschnittliche Arbeitszeit für diese Arbeiterklasse auf 8 Stunden täglich.

Eine Herabsetzung der Arbeitszeit auf etwa 10 Stunden inklusive Pausen würde keine günstigen Wirkungen für den polnischen Arbeiter haben, denn die einer kürzeren Arbeitsdauer nachgerühmten Vortheile er-schienen nur da, wo die Arbeitslust der Arbeiter an sich eine größere ist, d. h. dieser sich auf einer höheren Kulturstufe befindet.

Man denkt und spricht bei uns wie im Ausland sehr viel darüber, daß jede erhebliche Umgestaltung und Verbesserung unserer Lebensver-hältnisse von der Staatsregierung ausgehen könne und müsse. Das Gesetz soll in Betreff der Arbeitszeit das Maximum im weiteren oder engeren Sinne bestimmen. [26] Gewiß ist die Forderung eines Maximal-arbeitstages bei Vielen von der reinsten Humanität diktirt und doch, wie hart ist diese Maßregel, wenn sie den Lohn des Arbeiters verkürzt, wenn sie ihm die Möglichkeit entzieht, von Zeit zu Zeit durch lohnende Arbeit in Ueberstunden besonderen Verdienst sich zu verschaffen. Das, was in Rußland in dieser Beziehung geschehen ist, betrifft nur die Arbeitszeit der Kinder von 12—15 Jahren und der Frauen in den Anstalten, deren Betrieb gesundheitsschädlich ist. [27] Das im Ausland so viel besprochene und geplante Verbot jeglicher gewerbsmäßigen Kinder- und Frauenarbeit hätte meiner Meinung nach keine günstigen Wirkungen, da ein solches Verbot für nicht wenige Arbeiter-Familien, für die geschützten Frauen und Kinder selbst, Elend und Hunger im Gefolge haben würde.

§ 4. Die Art der Beschäftigung.

I. Abschnitt. In den Fabriken.

Die Art der Beschäftigung ist ein Uebel, sobald sie gesund-heitsschädlich oder lebensgefährlich ist. Sie ist ungeheuer verschieden und mannigfaltig, wenn man alle Zweige der Eisenfabrikation in

---

[26] Schönberg: Gewerbliche Arbeiterfrage.
[27] Siehe unten § 10.

Betracht zieht (siehe vorher). Es wird von den Arbeitern insbesondere bei der Werkstattarbeit, bei der Bearbeitung des fertigen Roheisens,
wo jede grobe Arbeit von den verschiedensten Maschinen verrichtet wird,
mehr Geschicklichkeit und Intelligenz gefordert, als Anstrengung der
physischen Kräfte. Ich bin gezwungen, wiederum auf die Eintheilung der
Arbeiter in gelernte und ungelernte zurückzukommen. Die ersteren verrichten
alle Hülfsarbeiten, also das Zerschlagen, Ab- und Aufladen des Erzes,
der Kohle, des Kalksteins, fertigen Eisens auf die Waggons, Beförderung
der kleinen Fabrikwaggons inmitten der Fabrik und ähnliche Thätigkeiten
rein mechanischer Art. Deshalb können auch diese Arbeiter von einer
Arbeit zur andern leicht übergehen, wenn eine zu große Arbeitseinseitigkeit
ihnen schadet oder wenn sie im Interesse ihrer Ausbildung und Vor-
wärtskommens eine solche Veränderung wünschen sollten. — Die Arbeitsarten der gelernten Arbeiter sind so mannigfaltig, daß es schwer wäre,
auch nur einen Theil derselben aufzuzählen. Es herrscht bei diesen
Arbeitern eine viel größere Arbeitstheilung und Einseitigkeit als bei den
ersteren. Die Leute verrichten oft ihr ganzes Leben hindurch dieselbe Thätigkeit, was für die Gesundheit sehr schädlich ist. Die Arbeiter bei den
Publingofen, welche fortwährend in angestrengter Körperstellung arbeiten
müssen und immer das glühende Eisen vor den Augen haben, sind fast
durchweg mit dem 45. Lebensjahre zu dieser viel Kraft fordernden Arbeit
untauglich und müssen eine andere Beschäftigung aufsuchen, um ihren
Lebensunterhalt zu gewinnen.

Weitere Einzelheiten über die Art der Beschäftigung in der Eisenfabrikation können übergangen werden, da die zu schildernden Zustände dieselben sind
wie im Ausland und als im Allgemeinen bekannt vorausgesetzt werden dürfen.

Der Grad der Gefährlichkeit ist verschieden, je nach Art der Beschäftigung in den verschiedenen Fabriken. Gesundheit und selbst das Leben
gefährdende Arbeiten können in der Industrie nicht völlig beseitigt, sollen
aber auf das absolut unvermeidliche Maß reduzirt werden.

Das, was in dieser Beziehung zur Verhütung von Unglücksfällen
bei uns geschieht, beruht mehr auf dem Herkommen, da die Zahl der von
Obrigkeitswegen zur Verhütung von Unglücksfällen getroffenen Anordnungen eine sehr geringe ist.[28] — Die Arbeitsräume sind in den Eisenfabriken meistentheils entsprechend den Forderungen der Humanität eingerichtet. Die von der modernen Wissenschaft vorgeschriebenen 15 Kubikmeter
Luft pro Person sind hier sicher verdoppelt, da die Fabriken sehr geräumige
Arbeitssäle enthalten bei verhältnißmäßig kleiner Anzahl von Arbeitern,
was durch die Art des Betriebes bedingt ist. Die Zahl der Ausgänge

---

[28] Siehe staatliche Sicherheitsmaßregeln, siehe oben.

ift eine sehr große, denn es wird z. B. von der einen Seite Eisen transportirt, von der andern Erz und Kohle, von einer dritten Schlacke, Kalk u. s. w. Es ist also im Fall der Feuersgefahr schnelle Entleerung der Arbeitsstätte gesichert. Diese Ausgänge dienen zugleich als vorzügliche Ventilirungsmittel, so daß in den meisten Arbeitsräumen verhältnißmäßig frische Luft vorhanden ist; Staub und Dunst sind ja oft unvermeidlich. Die moderne Wissenschaft verlangt weiter ein Minimum der Beleuchtung, $0,3 — 0,6$ Quadratmeter Fenster pro Person. Bei den groben mechanischen Arbeiten ist dies nicht überall der Fall, aber auch nicht unbedingt erforderlich. In den Werkstätten und Gießereien, wo von der genauen Ausführung der Arbeit der Erfolg derselben abhängt, liegt es ja im Interesse der Arbeitgeber, diese genaue Ausführung durch möglichst gute Beleuchtung zu fördern. In den großen Hütten-Walzwerken, Gießereien und Werkstätten bei Dombrowa und Sosnowice ist fast überall elektrisches Licht eingeführt; in den Fabriken des östlichen Bezirks wird noch überall Petroleum gebraucht, in den Bergwerken vornehmlich Talgkerzen. [29])

Das Trinkwasser ist im ganzen Steinkohlenbassin (westlicher Bezirk) sehr schlecht, was der Beschaffenheit des Bodens entspricht. Der östliche Bezirk besitzt fast überall ausgezeichnetes Wasser, welches Eisentheile enthält und deshalb dem menschlichen Organismus sehr zuträglich ist. Der östliche Bezirk übertrifft auch den andern in Bezug auf seine topographische Lage; die vielen Wälder und Vorberge üben auf das Klima einen wohlthätigen Einfluß aus und schaffen frische und gesunde Luft. Die Dotation des Bodens ist dagegen im westlichen Bezirk eine höhere. — Die Aborte werden fast überall hygienisch außerhalb der Arbeitsstätte eingerichtet; es liegt leider noch in der Natur unseres wenig civilisirten Arbeiters, das nicht zu benutzen, was die eigene Klugheit ihm rathen sollte. Fremden ist ohne besondere Erlaubniß der Zutritt in die Fabrik nicht gestattet. Den bei den Maschinen nicht beschäftigten Arbeitern bleiben die Maschinenhallen verschlossen. Die Größe der Maschinenräume trägt zur Verminderung der Gefahr viel bei. Man kann aber die Reinigung und das Schmieren der Maschinentheile während des Ganges der Maschinen kaum vermeiden. Die meisten Unfälle kommen gerade hierbei vor, und es ist fast unmöglich, dann abzuhelfen.

II. Abschnitt.

Die Art der Beschäftigung in den Bergwerken. Wenn das Innere einer Eisenfabrik im Königreich Polen den Zuständen einer solchen Fabrik

---

[29]) Die Begründung ergiebt sich daraus, daß die Bergarbeiter sich die Beleuchtungsmittel auf eigene Kosten anschaffen müssen.

im Ausland ähnlich ist, so bleiben die Einrichtungen in den Bergwerken Polens weit hinter denen des Auslandes zurück. Die ganze Erzhervorbringung geschieht auf höchst primitive Weise. Die Arbeit ist zwar nicht gerade schwer, aber ungesund. Die Schachtentiefe beträgt nirgends mehr als 40 Meter. Obgleich fast überall mächtige Dampfpumpen das Wasser abführen, arbeiten öfters die Bergleute bis zu den Knöcheln im Wasser stehend, jedenfalls fast immer auf feuchtem Boden. Da die Erzadern wenig mächtig sind, werden die Stollen meistentheils sehr niedrig und eng gebaut, so daß oft nur auf den Knieen gearbeitet werden kann. Das Erz wird mühsam mittelst Händekraft in hölzernen Kübeln zu Tage gebracht und gleich auf den bereit gehaltenen Wagen zur Fabrik befördert. Die Pläne und Arbeiten werden von einem technisch ausgebildeten Bergingenieur ausgeführt. Die Wände des ganzen Schachts und die unterirdischen Gänge werden mit Holzbalken ausgelegt (sogenannte Futterwand), um mögliches Erdquetschen zu verhindern. In jedem Schacht sollte eine Leiter stehen, um als Nothausgang zu dienen, aber es fehlt an der genauen Ausführung dieser Maßregel.

Die Arbeiter arbeiten auf Akkord, können jede übermäßige Anstrengung vermeiden und doch ihren Lebensunterhalt gewinnen. Es kommt aber vor, daß sie von Zeit zu Zeit auf Stellen treffen, wo kein Erz zu finden ist, oder auf Stellen, wo Steinlager den Zugang zu den Erzlagern versagen. Es dauert dann öfters einige Zeit, ehe sie irgend etwas verdienen, da der Lohn nach dem hervorgebrachten Kübel Erzes berechnet wird. Von Nachtarbeit ist keine Rede. Die sogenannte Arbeitsschicht wird von den Arbeitern selbst so eingerichtet, daß bei jedem Schacht drei arbeiten und zwar zwei oben, einer unten. Der unten arbeitende wird alle zwei Stunden abgelöst. Die Zahl der Unfälle wäre hier sehr stark, wenn nicht die strenge Aufsicht der Staatsinspektoren und die Verantwortlichkeit der Bergprivatbehörden vor Gericht vorhanden wäre.

§ 5. Die Arbeiterwohnungen.

An dieser Stelle soll von den Wohnungen die Rede sein, und es ist leicht ersichtlich, welch' große Bedeutung die Frage hat, ob eine ganze Bevölkerungsklasse Heimstätten besitzt, die den heutigen Lebensansprüchen genügen, oder ob ein überwiegender Theil des Volkes fremd und gesellschaftsfeindlich dahin vegetirt neben glücklicheren Nebenmenschen, die über eine Häuslichkeit voll Wohlbehagen verfügen.

Wenn man die Frage vom kulturgeschichtlichen Standpunkt betrachtet, so ersieht man, daß die Nothwendigkeit und ein dringendes Verlangen

Civilisation ist. Es liegt schon in der Natur des polnischen Bauern und Arbeiters, daß er keinen besonders lebhaften Trieb besitzt, bessere Wohnungen zu haben. Die ländliche Bevölkerung, die sich oft ein behaglicheres Heim gestalten könnte, ist vielfach auch noch im Ausland nicht vom Strom der Kultur so stark erfaßt, um aus den alten Verhältnissen hinausgetrieben zu werden und um den Werth besseren Wohnens genügend zu schätzen. Zur Verbesserung der Arbeiterwohnungen ist in den letzten Jahren viel geschehen. Trotzdem entspricht die Mehrzahl auch noch im Ausland nicht den Anforderungen, die im Interesse der Gesundheit und Sittlichkeit an dieselben gestellt werden müssen.

In den Eisenfabriken des Königreichs Polen ist diese Frage von einer ganz andern Seite zu betrachten, da, wie gesagt, die Arbeiter größtentheils Bauern sind und fast jeder ein kleines Haus sein Eigen nennt.

Die baulichen und räumlichen Verhältnisse solcher Dorfhäuser sind meistentheils sehr mangelhaft. Sie sind durchweg aus Holz erbaut, das Dach besteht gleichfalls aus Holz, in vielen Fällen noch aus Stroh. Das Haus enthält gewöhnlich nur einen kleinen Flur und ein Wohnzimmer nebst Kammer, ist also relativ ziemlich geräumig. Bei der durchschnittlich dichten Zahl der Einwohner entfällt aber auf den Einzelnen wie der Normalraum von 15 Kubikmeter Luft. Ich habe sogar während meines Besuches in den verschiedenen Fabriken Wohnungen gefunden, wo der Luftraum pro Person 7, 6, hie und da selbst nur 5 Kubikmeter pro Person betrug. Die Höhe der Zimmer ist meistentheils sehr gering, 2,15—2,00, selbst 1,85 Meter bilden das gewöhnliche Maß beim Hausbau. Die Fenster sind klein und in geringer Zahl vorhanden. Es kommt auch noch vor, daß kein gedielter Fußboden zu finden ist und durch festgestampften Thon ersetzt wird. — Ein großer, aus Ziegel erbauter Koch- und Heizungsofen nimmt den Hauptplatz in jeder Arbeiterwohnung ein. Ein großer hölzerner Koffer wird zur Aufbewahrung von Kleidern u. s. w. benützt und ist noch fast überall zu finden. Der Rest der Möbel besteht gewöhnlich aus einem Bett für die Eltern und einem oder zwei Bettlagern für die Kinder; dann ein großer hölzerner Tisch und Bänke, meistens von den Bewohnern selbst angefertigt, ein Gestell für Haus- und Küchengeräthe: das ist Alles, was wir durchschnittlich in einem Bauernhause finden können. Neben dem Hause befindet sich fast immer ein Stall, eine Scheuer und ein kleiner umzäunter Platz mit Gartenbauten angelegt.

Arbeiterwohnungen, welche ihre Entstehung der Fürsorge der Fabrikanten verdanken, sind vornehmlich im östlichen Bezirk sehr dünn gesät. Sie kommen im äußersten Bedarfsfalle nur dann vor, wenn entweder die

Fabrikgebäude so isolirt stehen, daß die Entfernung von den nächsten Dörfern eine zu große ist, oder wenn in diesen Dörfern eine so große Ueberfüllung vorhanden ist, daß ein Unterkommen für mehr Arbeiter nicht zu finden wäre. Als Ausnahme darf hier die Fabrik „Starachowice" zitirt werden. Ein Theil der Arbeiter bekommt hier die Wohnung unentgeltlich; die Bergleute wohnen meistens in Fabrikhäusern, für die sie monatlich zwei Rubel Miethe zahlen und zwei Rubel jährlich pro Morgen ($^1/_2$ Hektar) für das dazugehörige Feld. Die Wohnung besteht aus einem Zimmer, Küche und Flur, nebst den untentbehrlichen wirthschaftlichen Gebäuden. In der Fabrik „Klimkiewiczów" bestehen gleichfalls Fabrikwohnungen, in denen die Arbeiter entweder unentgeltlich oder gegen Zahlung eines geringen Miethbetrags wohnen können.

Im westlichen Bezirke sind solche Häuser fast überall zu finden und zwar nach schlesischem Muster hygienisch gebaut. Die Häuser sind aus Ziegeln errichtet, besitzen ein Stockwerk und sind überall mit einem kleinen Garten umgeben. Der Wohnraum einer Familie besteht gewöhnlich aus zwei Wohnzimmern und dem Flur nebst Küche. Die Miethpreise sind meistentheils sehr gering, so z. B. in der Fabrik „Bankhütte" drei Rubel monatlich. In Katharinahütte ist der Betrag nie größer als die Hälfte der ortsüblichen Miethpreise. [30])

In den Eisenfabriken des Staates im westlichen Bezirk (die jetzt schon alle geschlossen sind), wurden die Arbeiterwohnungen größtentheils von der Administration erbaut und den Arbeitern gegen monatliche Abzahlung von 60 Kop. vermiethet. In den kleineren Fabriken sind solche Wohnungen selten vorhanden. Die Miethpreise sind aber auch hier viel geringer als gewöhnlich (15 Rubel jährlich), und haben die Miether noch außerdem das Recht auf eine bestimmte Quote Heizungsmaterial und auf unentgeltliche Viehweidung in den der Fabrik gehörigen Wäldern (östlicher Bezirk). Eine zu große Entfernung der Wohnungen von der Arbeitsstätte, welche den berechtigten Anspruch des Arbeiters auf freie Zeit verletzen würde, ist fast nirgends vorhanden, denn die im östlichen Bezirk von Fabrikarbeitern bewohnten Dörfer liegen höchstens 1—3 Kilometer von der Fabrik entfernt. Den Arbeitern ist es aber unmöglich (den Schichtarbeitern auch nicht erlaubt), während der Mittagszeit nach Hause zu gehen; das Essen wird ihnen überall in die Werkstätten gebracht. Die Fabrikhäuser des westlichen Bezirks werden natürlich in unmittelbare Nähe der Fabriken errichtet und bilden bei der starken Entwicklung der Eisen- und Kohlenindustrie jener Gegend meistentheils kleine Städtchen,

---

30) Privatberichte der betr. Fabrikdirektionen.

die den schlesischen Fabrikorten in verkleinertem Maßstab ziemlich ähnlich sind. Die Mißstände sind hauptsächlich in den Arbeiterwohnungen, welche das Eigenthum des Arbeiters bilden — auf den Dörfern also — hervorzuheben. Die thatsächlichen Mißstände sind dreifacher Art: 1.) sanitäre, 2.) sittliche, 3.) ökonomische. Die beiden ersten sind sehr entwickelt und von wichtiger Bedeutung, der dritte ist, wie gesagt, in geringem Maße zu finden, da wenig Miethhäuser überhaupt bestehen und die vorhandenen nur als für die Arbeiter vortheilhaft eingerichtet bezeichnet werden können.

1.) Sanitäre Mißstände: Die schon erwähnte geringe Höhe der Zimmer, schlechte Beleuchtung, Mangel an Aborten, Thonfußboden, öftere Einstellung der Hausthiere (Pferde, Kühe) während des Winters in die Hausflur, um die Wohnung auf diese Art umsonst zu erwärmen, und die damit verbundene sorgfältigste Absperrung des Zutritts der äußeren Luft, alles Das hat einen großen Einfluß nicht allein auf die Sterblichkeit, sondern auch auf die körperliche Entwickelung und Bildung der Arbeiterkinder. In den ärmeren Gegenden des östlichen Bezirks wohnen öfters zwei und sogar drei Familien in einem Hause, welches aber, wie schon erwähnt wurde, gewöhnlich nur aus einem Zimmer, hie und da noch aus einer Kammer, besteht. Ein junges Ehepaar baut sich selten ein eigenes Haus, sondern miethet während der ersten Jahre bei der Familie des Ehemanns oder auch der Frau die gemeinschaftliche Benützung der Wohnräume (wofür 8—10 Rubel jährlich bezahlt werden). Erst dann wenn das Haus mit Kindern überfüllt wird, entschließen sich die Eheleute, einen selbstständigen Wohnsitz zu schaffen.

Diese Ueberfüllung und unbehagliche, menschenunwürdige Existenz sind Hauptursachen der in der Arbeiterklasse so herrschenden großen Sterblichkeit, Krankheiten und Ansteckungen. [31])

2.) Sittliche Mißstände: Die Ueberfüllung und die Benutzung desselben Wohnraumes durch Männer, Frauen und Kinder zusammen ist hier von Neuem anzuführen. Es ist außerdem noch einmal darauf zu kommen, daß durch die Dunkelheit der Wohnungen und den Schmutz der Sinn der Reinlichkeit bei den Kindern unterdrückt, die Erwachsenen ins Wirthshaus getrieben werden. [32]) In einer großen Anzahl von Fällen ist es der Bewohner, der die ihm zur Verfügung stehenden Räume durch stupide Unsauberkeit und Verlotterung zu einer Spelunke macht. Es ist nur ein Obdach, aber keine Häuslichkeit, und solch' ein dürftiger Unterkunftsort

---

[31]) Ich muß mich mit der Aufstellung jener Behauptung begnügen, ohne sie durch festgestellte statistische Nachrichten begründen zu können.
[32]) Weiteres darüber bei den „moralischen Zuständen."

kann sich nicht zu einem wirklichen Heim gestalten. Oft findet man aber auch Häuser, die durch Sauberkeit, geschickte Ausnützung und Schönheitssinn zu einem Heim gemacht sind, das trotz seiner Dürftigkeit bewohnbar ist und noch bescheidene Reize aufweist.

Bei dem heutigen Maschinen-Großbetrieb, wo die Hausinbustrie so gänzlich zurückgedrängt ist, bedarf der Arbeiter am Abend doppelt einer behaglichen Häuslichkeit. Alle Bestrebungen zum Bauen von Arbeitshäusern sind deshalb hier von entscheidendem Einfluß und durchaus nöthig e en es nun Aktiengesellschaften oder Unternehmungen Einzelner mit beschränktem Gewinn). Trotz der günstigen Wohnungsbedingungen in räumlicher und pekuniärer Beziehung erzielen bei uns die Erbauer der erwähnten Arbeitshäuser doch noch 4—6 Prozent jährlich vom Anlage apital, und es ist wirklich unbegreiflich, daß im östlichen Bezirk bei so günstigen Erträgnissen bis jetzt so wenig auf diesem Gebiete geschehen ist.

§ 6. Gegenseitige Beziehungen der Arbeiter und der Arbeitgeber.

Das Verhältniß zum Arbeitgeber ist in Polen glücklicher Weise noch ziemlich erträglich. Es giebt keine oder sehr wenige Fabrikordnungen und alle die Arbeiter angehenden Angelegenheiten werden auf Grund des Herkommens abgemacht. Die beiderseitigen Beziehungen sind so zu sagen patriarchalisch (patriarchalisches Patronat), und es liegt im Interesse sowohl der Arbeiter, als auch der Arbeitgeber, diesen Zustand so lange als möglich zu erhalten. Die Arbeitgeber wissen ja sehr gut, daß Erbitterung und Neid gegen die Besitzenden überall da steigen, wo sich das persönliche Interesse der Fabrikherren für die Arbeiter nicht sehr rege zeigt, und wo die Fabrikanten sehr glänzend leben, ohne selbst viel zu arbeiten. Sie wissen wohl, daß man in der Industrie nicht blos ein technisches, sondern auch ein ethisches Ideal anstreben soll. In den kleinen Fabriken muß der Arbeitgeber selbst hart arbeiten, wenn er bei den heutigen Verhältnissen auskommen will. Deshalb ist es ihm oft schwer, solche Wohlfahrtseinrichtungen zu treffen, wie sie in den, über ein großes Betriebskapital verfügenden Fabriken üblich sind.

Eine Ausbeutung der Arbeiter an Arbeitszeit ist, wie schon oben gesagt, nirgends vorhanden. Der Lohn ist fast überall für eine gewisse Leistung festgesetzt, mit Rücksicht auf Tantième bei Ueberschreitung dieser Leistung; eine Abkürzung jenes Lohnes wäre also unmöglich, da der Arbeiter, wenn er sich benachtheiligt fühlt, in einer anderen Fabrik Beschäftigung finden kann. Im östlichen Bezirk, wo der Arbeiter überall zugleich Bauer und Grundbesitzer ist und sehr ungern seinen Wohnsitz verläßt, ist eine Art Abhängigkeit zu konstatiren, wird aber in keiner Weise von den Arbeitgebern gemißbraucht. Gegen Ausbeutung sollten sich die Arbeiter selbst schützen. Bei uns erweist sich aber ihre Kraft als unzureichend, da keine genossenschaftliche Zusammenfassung der Einzelkräfte möglich ist. Deshalb sollte auch der Staat mit seiner Gesetzgebung hier eingreifen, um Mißstände zu beseitigen, soweit solche überhaupt durch Gesetzgebung beseitigt werden können. [33])

Wenn der Arbeiter sich eines Diebstahls schuldig macht, wird er unbedingt für immer von der Fabrik entfernt. Es bleibt ihm aber gewöhnlich (östlicher Bezirk, wo die Fabriken eigene Wälder und Bergwerke besitzen) erlaubt, in den Bergwerken und Wäldern zu arbeiten, damit er seine Wohnstätte nicht zu verlassen braucht. Für leichtere Vergehen ist dieser Ausschluß nur ein temporärer, oder es findet statt dessen eine Geldstrafe statt, von 50 Kop. aufwärts steigend. In vielen Fabriken besteht die Sitte im Falle eines leichteren Vergehens, oder wenn der Arbeiter ohne Ursache entfernt werden muß oder von selbst die Arbeit verlassen will, gegenseitig 8—10 Tage vorher zu kündigen. Diese 10 Tage Kündigung ist schon in drei Fabrikgebieten Rußlands staatlich angeordnet worden und ist auch bei uns bald zu erwarten. [34])

Wenn der Arbeiter sich zur Arbeit verspätet, und diese Nachlässigkeit sich wiederholt, zahlt er gewöhnlich den Betrag seines Tageslohnes als Strafe. Der Arbeitsvertragsbruch sowohl Seitens des Arbeiters, wie Seitens des Arbeitsgebers kann nur durch Verhandlung vor Gericht entschieden werden.

Wenn man in die Zukunft schaut, die sicher auch bei uns harte Kämpfe herbeiführen wird, so ist den Arbeitgebern dringend zu rathen, alle Vorschläge zu besonderen Reformen zu beachten und überhaupt alle erprobten Arbeitereinrichtungen nach vorhandenen Mustern einzuführen. Auf Dank dürfen sie zwar selten rechnen, aber die Schärfen und Härten ihres Verhältnisses zu den Arbeitern können, was für die Zukunft von großer Bedeutung sein würde, wesentlich dadurch gemildert werden.

§ 7. Die moralischen Zustände.

Die moralischen Zustände sind bis jetzt im Königreich Polen ziemlich günstig. Es treten natürlicher Weise auch hier sehr viele Uebelstände hervor, welche die Folgen der allgemeinen geringen kulturellen Entwicklung der Arbeiterklasse sind. Wenn wir aber den

---

[33]) Siehe den Text.
[34]) Eingeführt mit dem 1. Juni 1891.

gegenwärtigen Zustand des Landes mit dem der so vielzivilisirten Nachbar- provinz Schlesien vergleichen, so sehen wir, daß in Bezug auf die Moral das Königreich viel höher steht und sich vor der jenseits der Grenze so stark eingedrungenen Demoralisation vortheilhaft auszeichnet. Deshalb sind auch die Zustände im westlichen Bezirk an jener Grenze viel schlimmer als im östlichen. Man muß hier einen Unterschied zwischen den Bergleuten und den Hüttenmännern machen. Die ersten sind viel besser gesinnt, pflichttreu und arbeitsam, die zweiten fast alle Schmuggler, Spieler, theilweise auch Säufer, demoralisirt durch den Abschaum ausländischer Arbeiter, der sich hier gesammelt hat und sammelt.

Ein weiteres Uebel im westlichen Bezirk ist die noch herrschende geringe Achtung des Eigenthums Anderer, und die von den meisten Fabriken erhaltenen Berichte sprechen sich in dieser Beziehung in ganz derselben Weise aus.

Im östlichen Bezirk sind als Hauptübelstände, wie oben schon erwähnt, die frühe Eheschließung, schlechter Zustand der Wohnungen, Mangel an Sparsamkeit und unwirthschaftliches Leben hervorzuheben. Das frühe Heirathen, welches man überall zu hemmen sucht, übt hier einen verhängnißvollen Einfluß; es heirathen nämlich die Leute sehr oft mit dem 19. oder 20. Lebensjahre; dann kommt aber die Militär- zeit, während welcher der Ehemann die junge Frau 4—5 Jahre allein läßt. Die Folgen kann man sich denken, und es ist auch das besondere Streben der Geistlichen, das frühe Heirathen möglichst zu erschweren, z. B. durch Prüfung der jungen Leute in Religionssachen und Ver- weigerung des kirchlichen Eheaufgebots, wenn jene Prüfung schlecht ausgefallen ist. Das in diesen Klassen so oft fehlende Bewußtsein der den Eheleuten und Eltern obliegenden sittlichen Pflichten, die so geringe geistige Ausbildung dieser Eltern übt natürlich einen nachtheiligen Einfluß auf die Kinder aus. Dieser Uebelstand ist bei dem polnischen Arbeiter in bedeutendem Umfang verbreitet; die Kinderzahl ist durchweg sehr groß. [35]) Es fehlt an Selbstprüfung und Selbstbeschränkung, und es liegt hier eben die Hauptursache des in einigen Gegenden schon auftretenden Arbeiterproletariats. Da aber das Lohneinkommen sich nicht nach der Kinderzahl, sondern nach der Arbeitsleistung richtet, genügt das, was für einen einzelnen Arbeiter ausreichen würde, besonders bei den ge- meinen Hülfsarbeitern, natürlich nicht zum Unterhalt für eine zahlreiche Familie. Das Gesetz verbietet die Kinderarbeit bis 14 bezw. 12 Jahren, deshalb werden sie auch bei allen Haus- und Feldarbeitern sehr früh- zeitig beschäftigt, um wenigstens in irgend Etwas den Eltern behülflich zu sein. Das Wirthshausleben hat sich in dem östlichen Bezirk in den

---

[35]) Statistische Nachrichten sind in dieser Beziehung nicht zu bekommen.

letzten Jahren glücklicherweise sehr vermindert. — Die Gelegenheit zu einer das Familienleben verschönernden Erholung und zu einer weiteren Fortbildung in den freien Stunden wird den Arbeitern nur Sonntags zu Theil. Diesen Sonntag aber verleben die Arbeiter meistens in der Kirche. Die Kirche hat ja insbesondere darauf hinzuweisen, daß der soziale Fortschritt der Menschheit nicht nur auf einer Milberung der äußeren materiellen Noth, sondern ebenso auf einer Bekämpfung der inneren Noth, welche aus dem Mangel an geistigen und sittlichen Gütern und an Frieden des Gemüths entstehen. Sie hat in den sozialen Kämpfen der Gegenwart die Aufgabe, der äußern und innern Noth und den Gedanken des Hasses und Neides mit Worten des Friedens und der Verständigung und mit Werken der Liebe entgegen-zutreten. Die Bevölkerung ist bei uns sehr religiös gesinnt, und wüßten die Geistlichen dieselbe verständig zu leiten, so könnte ihr Einfluß ein segensreicher sein, da für den Bauer der Pfarrer als höchste Autorität gilt.

Politische Ueberzeugung ist nirgends vorhanden. Hie und da die natürliche Mißgunst gegen die Arbeitgeber, das ist Alles, was zu der Annahme berechtigt, daß die Dorfarbeiter an etwas Anderes denken, als an die Angelegenheiten des täglichen Lebens.

Drittes Kapitel.

(Obrigkeitliche Maßregeln zur Beseitigung der Uebelstände.)

§ 8. Statistik.

Die Sorge für eine gute Arbeitsstatistik, d. h. für die genaue Feststellung und Klarlegung aller auf die materielle und soziale Lage der Arbeiter bezüglichen, zu deren Beurtheilung wesentlichen Verhältnisse ist eine der wichtigsten Aufgaben der Staatsgewalt. Die Arbeitsstatistik ist das sine qua non für die Arbeiterschutzgesetzgebung und für ein ausgleichendes Verhältniß zwischen staatlicher und kommunaler Verwaltung. Sie ist die Prämisse für die Organisirung der Gesellschaftshülfe und die Betheiligung der Wissenschaft an der Lösung der sozialen Frage, liefert außerdem das Material, um sozialistischen Agitationen wirksam entgegenzutreten und [36]) falsche Behauptungen zu widerlegen. Die Arbeitsstatistiken sind zur Zeit im Ausland selbst noch ungenügend. In Rußland ist eine Arbeitsstatistik, im strengen Sinn des Wortes, fast gar nicht vorhanden, denn man beschränkt sich hier vornehmlich auf die Produktionsstatistik, und diese wurde sogar bis in die letzten Jahre sehr nachlässig ausgeführt. Als aber im Jahre 1887 das Roheisen besteuert wurde, stieg damit sogleich die Genauigkeit ihrer Daten (vor Allem die der Rohproduktionsstatistik, damit den Fabrikbesitzern durch niedrigere Angabe der Rohproduktion nicht etwa eine Hinterziehung der Steuer gelänge. Von dieser Zeit ab wirkten die staatlichen Bezirksingenieure thatsächlich eingreifend, und alle Fabrik-Komptoir-Bücher müssen ihnen auf Verlangen vorgelegt werden. [37]) Außer den von ihnen persönlich gesammelten

---

[36]) Aehnlich: Handwörterbuch der Staatswissenschaften, Schönberg; Arbeiterbureaus.

[37]) Ueber den Thätigkeitskreis dieser Bezirksingenieure siehe § 12 „Staatliche

Ermittelungen schicken sie 2--3 Mal im Jahre den Fabrikdirektionen Fragebogen zur Ausfüllung, die sich hauptsächlich auf Produktion, ein= zelne lokale Verhältnisse und etwaige Veränderungen beschränken. Alle diese Angaben der privaten Verwaltungsbeamten werden von den Bezirk= ingenieuren bei ihrer Anwesenheit in jedem Fabrikort streng kontrollirt, und die Berichte der Bezirkingenieure werden dann im Bergdepartement zu St. Petersburg gesammelt, und daraus ein amtliches statistisches Jahr= buch gebildet, welches die gesammte Bergwerk= und Metallindustrie umfaßt, sich aber hauptsächlich auf Produktionsstatistik, Schilderung des Innen= und Außenhandels, Neuerungen auf diesem Gebiet [36]) und auf Arbeits= unfälle beschränkt. Auf die eigentlichen Arbeiterverhältnisse geht diese Zusammenstellung noch sehr wenig ein. Die ersten Untersuchungen über Arbeitslohn, Arbeitszeit, Arbeiterwohnungen 2c. sind noch sehr ungenügend und mangelhaft und stammen erst aus der Zeit, wo die Staatsregierung die Frage des Schutzes der Fabrikarbeiter ernstlich in die Hand genommen hat. Die Fabrikbesitzer bekommen außerdem ähnliche statistische Schemata zur Ausfüllung von verschiedenen Banken und wissenschaftlichen Vereinen, wie z. B. von der „Warschauer Gesellschaft für Entwickelung der In= dustrie und des Handels". In der letzteren Zeit wurden thatsächlich auf diesem Gebiete viel Neuerungen eingeführt. Der allgemein herrschende Nothstand im Lauf des Jahres 1891 hat zu weiteren eingehenden Forschungen Anlaß gegeben, um die nöthigen Maßregeln zweckmäßig ergreifen zu können.

Die Berichte der vorher erwähnten Behörden sollten die Staatsge= walt in ihrer politischen Aufgabe namentlich durch Anregungen und Vorbereitung von legislatorischen Bestimmungen unterstützen, und es ist auch zu hoffen, daß in Rußland bald ein weiteres Vorrücken auf diesem Gebiet stattfinden wird.

§ 9. Regelung des Schulunterrichts.

„Bildung ist Humanität im höchsten Sinne." Man anerkennt zwar auch in Rußland diesen Satz, man weiß, daß höhere Bildung die Moral und Arbeitsfähigkeit der Arbeiter steigert, allein man ist noch sehr weit von der praktischen Durchführung dieses Gedankens, denn das Gesetz über obligatorischen Schulbesuch existirt bis jetzt noch nicht.

Die Schulen werden von den Kommunen je nach vorhandenen

---

[36]) Dieses Jahrbuch wird von dem Direktor des Bergdepartement S. Kulibin nach amtlichen Quellen zusammengestellt und ausgegeben.

Mitteln erbaut; daraus erklären sich auch die thatsächlichen Verhältnisse. Die Zahl der Schulen und die Schulräume selbst genügen bei Weitem nicht, um die Kinder, welche die Schule besuchen wollen, aufzunehmen. In einem mir bekannten Falle z. B. sind 250 Kinder vorhanden, die von ihren Eltern in die Schule geschickt werden könnten, und die 150, welche eingeschrieben sind, werden in einem Raum zusammengedrängt, wo kaum Platz für 80 ist. Für Knaben und Mädchen sind keine besonderen Räume vorhanden, im westlichen Bezirk (Dombrowa) giebt es besondere Schulen für Mädchen und Knaben, nebenbei höhere Schulen zur Ausbildung der Arbeiterkinder. Die Lehrer müssen ein Zeugniß aufweisen, daß sie die Lehrerprüfung in der Volkslehrer=Schule bestanden haben; sie werden von der Kommune angestellt und bekommen einen Anfangsgehalt von jährlich 150 Rubeln. Die Schulrevisionen werden einmal im Jahre von einem staatlichen Volksschulinspektor abgehalten. Der Ortspfarrer ertheilt gewöhnlich wöchentlich zwei Stunden Religionsunterricht, wenn er die Erlaubniß der Behörden dazu besitzt. Die Lehrsprache ist die russische, das Lehrprogramm folgendes: Religion, altes und neues Testament, kurzer Katechismus (in polnischer Sprache unter Leitung des Ortspfarrers), russische und polnische Sprachlehre, Schreiben, Lesen, kurze Grammatik, verbunden mit Etymologie (?) und Uebersetzungen, kurze Geographie, Geschichte Rußlands, Naturgeschichte, Arithmetik (erste Hauptlehren), Kalligraphie, hie und da auch Zeichnen.

Die Kinder sind zu sechsstündigem, täglichem Schulbesuch verpflichtet, vier Vormittags, zwei Nachmittags; in der besseren Jahreszeit ist jener ziemlich regelmäßig, im Winter aber bei großem Schnee und bei entfernter liegenden Dörfern wird diese Regelmäßigkeit oft unterbrochen Die Kinder besuchen gewöhnlich die Schule nie länger als bis zum 14. oder 15. Lebensjahre, von wo ab sie gewöhnlich in der Fabrik Beschäftigung finden. Das Gesetz vom 11. Juni 1891 führt unter anderen wichtige Maßregeln, das Schulwesen betreffend, ein. „Den Bezirksingenieuren liegt die Pflicht ob, zu kontrolliren, daß die in den Fabriken arbeitenden Minderjährigen drei Stunden täglich Unterricht erhalten, wenn sie von der Volksschule kein Abgangszeugniß besitzen. Außerdem sollen sie dahin streben, daß die Arbeitgeber auf eigene Kosten Fabrikschulen errichten, wenn in der Nähe sich keine Volksschulen befinden. Diese Fabrikschulen sollen natürlich in jeder Beziehung den gewöhnlichen Volksschulen gleichgestellt sein und stehen unter der Kontrolle der Volksschulinspektoren. Die Kinder müssen unbedingt wöchentlich 18 Stunden, also täglich 3 Stunden, die Schule besuchen, und die Arbeitgeber sind verpflichtet, ihnen diesen Schulbesuch zu ermöglichen, andernfalls sie mit einer Strafe bis zu 100 Rubeln belegt werden können."[39]) [40])

Der Staat übt über die vorhandenen Volksschulen eine sehr strenge Kontrolle und läßt keine private Thätigkeit und privaten Unterricht auf diesem Gebiete zu.

§ 10. Regelung der Arbeit von Erwachsenen, der Kinder- und Frauenarbeit.

Eine vollkommene, jedenfalls sehr hervorragende Arbeiterschutzgesetzgebung ist bis jetzt nur in England und in der Schweiz eingeführt; die Arbeiter-Fürsorge in Deutschland wurde hauptsächlich durch die im Juni 1891 erschienene Novelle gefördert, indem jene die sorgfältige Durchsetzung der schon bestehenden Bestimmungen herbeiführte und neue wichtige legislatorische Maßregeln hauptsächlich den jugendlichen und Frauenspersonen gegenüber in's Leben rief.

Das, was in Rußland auf dem Gebiete der Arbeiterschutzgesetzgebung geschehen ist, darf nicht zu gering geschätzt werden, denn wenn man z. B. die kulturellen Zustände in Russisch-Polen mit dem Entwicklungsgrad jener in den westeuropäischen Staaten vergleicht, so ist leicht zu ersehen, daß die in letzterer Zeit erlassenen staatlichen Maßregeln verhältnißmäßig den ausländischen gleichgestellt werden können. (Siehe oben.)

Die ersten Keime einer Arbeiterschutzgesetzgebung in Rußland finden sich bereits zur Zeit Peter des Großen. Was die Metallindustrie anbelangt, ist das spätere Reglement des Bergbaukollegiums vom Jahre 1725 über „die Arbeiter insbesondere in den Schmelzhütten" und das „Bergbaustatut vom Jahre 1806" von besonderem Interesse.[41])

Die hier so lange bestehende Leibeigenschaft hatte aber die Wirkung, daß die erlassenen Schutzmaßregeln fast ausnahmslos ohne Einfluß blieben. Erst mit der Entwicklung der modernen Industrie, die soviel Uebel mit sich bringt, wurde es unmöglich, die Dinge einfach gehen zu lassen, wie sie gehen wollten. Wie in allen Ländern, so wurde auch hier mit Schutzbestimmungen für Die angefangen, die jenes Schutzes am meisten bedurften, also für jugendliche Arbeiter und Frauenspersonen.

Der Plan zu einer gesetzlichen Regelung der Kinderarbeit war schon in den 1860er Jahren im Zusammenhang mit den humanen Ideen

---

[39]) Neues Gesetz über den Arbeitsvertrag, Fabrikinspektion, Arbeit und Bildung der Minderjährigen vom 11. Juni 1891 in der Bearbeitung für das Königreich Polen, in's Leben getreten mit dem 1. Oktober 1891.

[40]) Siehe Weiteres darüber § 10 S. 38.

Kaiser Alexander II. aufgetaucht und die Reihe der Maßregeln von 1861, 1870 und 1874 beschäftigte sich vornehmlich mit Minderjährigen.

Von besonderer Wichtigkeit ist erst das Gesetz vom Jahre 1882 „über die in den Fabriken und Manufakturen arbeitenden Minderjährigen. Das Gesetz verbietet die Arbeit der Kinder unter 12 Jahren, von 12—15 sollen sie nicht mehr als 8 Stunden täglich wirklich beschäftigt werden."[42]) Um die Einführung des Gesetzes zu erleichtern, ist eine Reihe von temporären Maßregeln angeordnet worden, wie Gestattung der Kinderarbeit unter 12, nicht aber unter 10 Jahren, die Heranziehung der Kinder von 12—14 Jahren zur 4-stündigen Nachtarbeit u. ä. [43])

Es fehlte hier vor Allem das Verbot des Trucksystems und eine gründlichere Regelung des gesammten Arbeiterverhältnisses, das aus der Zeit der Leibeigenschaft mit mancherlei Mißbräuchen behaftet war. Ich bin deshalb ziemlich genau auf das Gesetz eingegangen, weil seine Bestimmungen über Kinderarbeit bis jetzt sehr wenig geändert worden sind, und weil das Gesetz von 1891 wesentlich auf jene Bestimmungen vom Jahre 1882 sich stützt. [44])

Das Gesetz vom Jahre 1884, betreffend den Schulunterricht für Minderjährige, die Dauer ihrer Arbeit und die Fabrikinspektionen, das im Jahre 1885 erlassene Verbot der Beschäftigung der jugendlichen Arbeiter unter 17 Jahren in den Baumwoll- und Leinenspinnereien, das Gesetz vom Jahre 1886, betreffend die Aufsicht über das Fabrikwesen und die wechselseitigen Beziehungen der Fabrikanten und Arbeiter zu einander, [45]) alles Das waren nur Vorbereitungen, schüchterne Schritte auf noch ziemlich unbekanntem Gebiet, Maßregeln, die theilweise nur auf 3—4 Jahre erlassen waren, um während dieser Zeit ihre Wirksamkeit zu prüfen. Das neueste Gesetz vom 11. Juni 1891 (gleichzeitig mit der Novelle in Deutschland in's Leben gerufen), bietet im Allgemeinen eingehendere Bestimmungen und soll die bis jetzt noch nicht in Erwägung gezogenen Uebelstände beseitigen. Das Gesetz, welches auch in einer speziell für das Königreich Polen geltenden Bearbeitung erschienen ist, ist sehr umfangreich und bezieht sich auf die kleinsten Einzelheiten der gegenwärtigen Zustände. Die

---

[42]) Handwörterbuch der Staatswissenschaften. Schutzgesetzgebung Rußlands.

[43]) Jahrbuch der Nationalökonomie 1883.

[44]) Dasselbe Gesetz mit einigen ergänzenden Bemerkungen finden wir in den „Rapports du congrés international des accidents du travail 1889 par E. Grunner". Es lautet hier: „en 1882 1. Juin la loi sur le travail des enfants, l'interdit jusqu'à 12 ans. De 12—15 huit heures de travail avec un intervalle après les premières 4 heures pour qu'ils puissent fréquenter l'école"; interdit outre cela d'employer les enfants dans les industries qui par leur nature peuvent être nuisibles à la santé ou excéder les forces du personnel protégé.

früher schon erlassenen „Artikel für industrielle Gesetzgebung“ wurden wesentlich geändert und neue Beiträge, betreffend die Privat- und strafrechtliche Prozedur, in allen die Arbeitgeber und Arbeiter berührenden Angelegenheiten hinzugefügt. Die Hauptbestimmungen jenes Gesetzes sind folgende: „Die Arbeiter können nur gegen Vorlegung von Legitimationsscheinen aufgenommen werden. Jeder von ihnen soll bei seinem Antritt an die Arbeit ein Rechnungsbuch bekommen, in dem alle seine Kontraktsbedingungen aufgezeichnet sein sollen. Die Lohnauszahlung soll wenigstens jeden Monat stattfinden. Das Trucksystem ist streng verboten. Die gegenseitige Kündigungs-Frist wird auf zwei Wochen normirt, und es werden die Fälle festgestellt, in denen ohne Kündigung das Verhältniß gelöst werden kann, sowie die Fälle, in denen der Arbeitgeber den Arbeitern Geldstrafen auferlegen kann. Die Höhe dieser Strafen wird auf jedes einzelne Verschulden festgesetzt, sowie Bestimmungen erlassen über die aus diesen Strafen gebildeten Fonds, welche nur für Arbeiterwohleinrichtungen gebraucht werden sollen. Das Gesetz enthält weiter Strafbestimmungen für die Arbeiter, welche sich des Kontraktbruchs, Streiks u. ä. schuldig gemacht haben, sowie Strafbestimmungen für die Arbeitgeber, wenn sie den Lohn des Arbeiters verkürzen, oder des Trucksystems (auch Auszahlung mit Coupons), gebrauchen. Die Strafe kann hier von 100 bis auf 300 Rubel steigen. Die Bestimmungen über das Alter der in den Fabriken arbeitenden Kinder bleiben ungefähr dieselben wie die im Gesetze vom Jahre 1882 und 1884. Die Arbeit der Kinder im Alter von 12 bezw. 10 Jahren wird verboten, Kinder von 12—15 Jahren können nur 8 Stunden täglich beschäftigt werden, mit Ausschluß der Nachtarbeit von 9 Uhr Abend bis 5 Uhr früh und der Arbeit an Sonn- und Festtagen.

In Bezug auf Nachtarbeit ist jedoch eine spezielle Genehmigung nicht ausgeschlossen, wenn es hie und da die Verhältnisse unbedingt erfordern; das Alter der Kinder soll nach dem Geburtsschein genau festgestellt werden. Es sollen in jeder Fabrik Arbeiterlisten geführt werden mit folgenden Rubriken für die Aufnahme der Minderjährigen.

Verzeichniß aller in der Fabrik (Benennung der Fabrik u. Name des Besitzers) arbeitenden Minderjährigen beider Geschlechter.

Zahl der Minderjährigen	Vor- und Zuname	Al-ter	Stän-diger Wohn-ort der (Eltern oder Vor-münd.)	Zeit der Auf-nahme u. Ent-lassung aus d. Fabrik	Art der Be-schäf-tigung	Tägl. Ar-beits-zeit u. Art des Schicht-wech-sels	Hat der Min-derjäh-rige ein Volks-schul-Ab-gangs-zeug-niß	Be-sucht er zur Zeit eine Schule	Nr. des Ge-burts-schei-nes	Be-merkungen des Fabrik-inspektors.
1	Oleksinski (Johann)	15 Jb. 4 M.	3 Wertl. von d. Fabrik-dorf Czarna Bezirk Kon-kie Gouv. Radom	1. Sep-tember 1891	Zer-schlag- des Erzes	6 Std. Von 6 Uhr früh bis 12 Uhr Mit-tags	hat keines	Besucht die Volks-schule von 2—5 Nach-mit-tags	Nr. 115	

Die Fabrikbesitzer bezw. das Fabrikdirektorium sind verpflichtet, zu jeder Zeit den Fabrikinspektoren bei der Revision der Fabrik und der Fabrikbücher jede gewünschte Auskunft zu ertheilen.[40])

Was die thatsächlichen Verhältnisse anbelangt, so muß erwähnt werden, daß Kinder unter 15 Jahren in den Eisenfabriken des Königreichs nirgends beschäftigt werden. Die jugendlichen Personen bis zu 18 Jahren sind im Allgemeinen als Tagelöhner zu Hülfsarbeiten angestellt. Frauen werden, soweit es überhaupt vorkommt, höchstens in höherem Alter und nur zu leichteren Arbeiten verwendet.

Die Anordnungen, Kinder- und Frauenarbeit betreffend, beziehen sich also hauptsächlich auf andere Fabrikationszweige, vor Allem auf Spinnereien und Webereien.

Mit derartigen Anordnungen ist heutzutage die öffentliche
Meinung aller industrieller Länder Europas beschäftigt, denn sie stehen im
engen Zusammenhang sowohl mit den ökonomischen Produktionsbedingungen
als auch mit der materiellen, intellektuellen und moralischen Lage der
Arbeiterbevölkerung. Der Schutz der Minderjährigen ist eine humanitäre
Pflicht ihnen gegenüber, da sie sich von sich aus nicht schützen können.
Als Schutzbedürftige können aber auch alle erwachsenen Arbeiter des
Königreichs bezeichnet werden, und deshalb sind die gesetzlichen Reformen
hier Hauptbedingungen des sozialen Wohlstandes, wenn sie mit Rücksicht
auf die industriellen Nothwendigkeiten und die materiellen Verhältnisse der
Arbeiterfamilien eine zweckmäßige Verwendung der betr. Bestimmungen
mit sich bringen, und nur langsam auf diesem Gebiet, wo so wichtige
Interessen im Spiel sind, vorschreiten.

Die bestehenden Uebelstände werden (im östlichen Bezirk) theil=
weise nicht einmal von den Arbeitern empfunden. Es ist Thatsache, daß
der Arbeiter = Bauer mit seinem Loos zufrieden ist, wenn er ein eigenes
Haus und ein Stück Feld besitzt. Sein einziges Streben zielt auf die
Vergrößerung dieses Eigenthums an Immobilien, seine einzige Liebe und
Sorge geht auf die Erhaltung der „Muttererde", das Stück Boden, auf
welchem er geboren und erwachsen ist. Seine Bedürfnisse wachsen natürlich
stets, es findet aber dies Wachsen in einem nur sehr geringen Maße
statt, da der Verkehr unserer Arbeiterbevölkerung mit der Außenwelt fast
keiner ist. Die letzten Arbeitergesetze sind auch, wie ich glaube, haupt=
sächlich auf die Zukunft, auf die zu erwartenden Zustände gerichtet,
deshalb ließ auch die bisherige praktische Durchführung derselben sehr
viel zu wünschen übrig.

§ 11. Staatliche Sicherheitsmaßregeln, Unfallentschädigung.

Die Zahl der Unfälle ist in den Eisenfabriken des östlichen und
westlichen Bezirks im Verhältniß mit den anderen Industriezweigen eine
sehr geringe. Es stehen mir nur die amtlichen statistischen Berichte vom
Jahre 1887 und 1888 zur Verfügung. Die Zahl der Unfälle im Jahre
1887 ist eine minimale und bezieht sich nur auf einzelne Personen, sie
beträgt nämlich im Ganzen 20, von denen nur einer tödtlich verlief.

Westlicher Bezirk: Bankhütte	9,	
Katharinahütte	9,	
Puszkin	1,	
Oestlicher Bezirk: Klimkieczów	1	(tödtlich),
in Summa 20 [17] (einzelne Menschen).		

[17] Kulibin: Statistisches Jahrbuch 1887 und 1888.

Im Jahre 1888 wurden sonderbarer Weise wiederum nur dieselben vier Fabriken von Unfällen getroffen:

Bankhütte 23 (4 töbtlich),
Katharinahütte 3,
Puszkin 3,
Klimkieczów 1 (töbtlich)),
im Summa 30 Unfälle (einzelne Arbeiter).

In ben Bergwerken wurden im Jahre 1888 vier Unfälle notirt, bie leiber alle ben Tob ber Verunglückten herbeiführten:

Wolffs Bergwerke 1,
Bodzecków 1,
Starachowice 1,
Nieklan 1, [48])

Die Warschauer Fabrikstatistiken vom Jahre 1886 unb 1887 erwiesen einen viel stärkeren Unfallprozentsatz. „Alle Industriezweige bes Warschauer Distrikts beschäftigen 34240 Arbeiter in 55 Fabriken. Die Zahl ber Unfälle betrug im Jahre 1886—87 2986, b. h. 30,4 auf 1000 Arbeiter. Diese Unfällezahl vertheilt sich auf bie verschiedenen Industriezweige wie folgt: Met all in bu strie 58,6— Verarbeitung der thierischen Abfälle 41,6— Textilindustrie 37,6— Mineralindustrie 9,2— Papierfabriken 9,0 2c. [49])

Ter große Unfallprozentsatz ber Metallindustrie ist baburch zu er= klären, baß hier bie Fabriken größtentheils Werkstätten sind, wo bas Rohprodukt bearbeitet wird unb mit ber genauen unb in's Kleinste gehenben Ausführung ber Arbeit ber Grab ber Gefährlichkeit viel höher steigt. (Maschinentheile=Anfertigung.) Es sind in Rußland offizielle Kommissionen angestellt, welche mit ber Prüfung ber Anlage=Pläne unb ber Art unb Weise bes Fabrikbetriebes in ben verschiedenen Fabriken beauftragt sind. Neben anberen Befugnissen sollen biese Kommissionen in allen neu zu gründenben unb schon bestehenben Fabriken sich über= zeugen: ob alle Ventilirungs=Vorrichtungen angewendet unb bie Maschinen bezüglich ber Unfallgefahr entsprechend eingerichtet sind. Sie sollen außerdem, um bie Unfälle im Falle eines Brandes möglichst zu beseitigen, unb bie schnelle Leerung ber Arbeitsräume zu erleichtern, sich überzeugen, baß jeder Arbeitsraum, welcher 8 Sazen (15 Kubikmeter) übersteigt, zwei Ausgänge oder zwei feuerfeste Treppen besitzt.

Diese Kommissionen haben auf bie Eisenfabriken gar keinen Einfluß, ba jene nur bem Bezirkingenieur untergeordnet sind, welcher allein bie Ausführung aller oben erwähnten Punkte zu kontrolliren hat. Bei jebem

---

[48]) Kulibin. c. 1.
[49]) Bericht bes Inspektors bes Warschauer Industriebezirks Swiatlowski.

Unfall, welcher eine Arbeitsunfähigkeit des Arbeiters von mehr als 48 Stunden herbeiführt, ist der Bezirkingenieur sofort zu benachrichtigen. Weitere staatliche Anordnungen, die zum Zweck der Sicherheit der Arbeiter erlassen werden, sind hauptsächlich folgende: 1.) Alle in der Fabrik vorhandenen Dampfmaschinen und andere Motoren sollten in entsprechender Weite mit einem Geländer umgeben sein. 2.) Die Trans-missionen der Dampfmaschinen, sowie anderer Motoren, die Kessel und Reservoirs, sowie alle sich bewegenden Maschinentheile, wie Schwung-räder, Zahnräder u. ä. sollten mit Netzen umgeben sein, und wenn dieses Schutzmittel nicht anwendbar wäre, sollten die gefährlichen Stellen mit rother Farbe bezeichnet werden. 3.) Die Reinigung und das Schmieren der Maschinen während des Ganges sind streng verboten. 4.) Der Durchgang zwischen den Maschinen sollte nicht enger als dreiviertel Arszyn (ungefähr 1,60 Meter) sein. Die engeren Durchgangsstellen sollten mit Netzen versehen sein. 5.) Die neu aufgestellten Maschinen sollten alle diese Einrichtungen besitzen, bevor sie in Gang gesetzt werden. 6.) Es sollte den Arbeitern verboten sein, Kleider zu tragen, bei welchen die Gefahr vorhanden ist, von den Maschinen erfaßt zu werden. 7.) Es sollte verboten sein, daß die Kinder und die mit den Maschinen nicht vertrauten Arbeiter sich diesen nähern. 8.) Die Maschinisten sollen, bevor sie die Maschine in Gang setzen, ein Signal geben.[50])

Es kommen noch weitere Vorschriften hinzu, die sich aber vor-nehmlich auf andere Fabrikationszweige beziehen, ebenso alle jene Kessel-Vorschriften, wie sie auch im Ausland üblich sind. — „Diese Vorschriften sollen in jeder Fabrik an sichtbarer Stelle ausgehängt werden und von dem betreffenden Landrath unterschrieben sein.[51])

Im Falle der Nichtbefolgung der oben erwähnten Sicherheits-maßregeln werden die Schuldigen nach den entsprechenden Gesetzes-paragraphen zur Verantwortung gezogen. (Sammlung der Anordnungen vom Jahre 1872 Nr. 651 der Senatsverordnungen von 1870 Nr. 146, von 1872 Nr. 1354.) [52])

Zu den sozial-politischen Aufgaben des Staates gehört es, die Ar-beiter gegen die wirthschaftlichen Folgen der Betriebsunfälle zu sichern, welche sie bei der Arbeit treffen und entweder ihren Tod oder ihre Arbeitsunfähigkeit herbeiführen. — In den meisten Kulturländern Eu-ropas kommt man mit jedem Jahre der Verwirklichung einer all-

---

[50]) Auszug aus den „Anordnungen für die Privatfabriken vom Jahre 1888." (Ausführlicher Titel siehe Quellen).
[51]) §§ 46 und 56 Band XI. der Handelsgesetzgebung.
[52]) l. c. Anm. 50.

gemeinen staatlichen Regelung der Versicherung und Einführung des Versicherungszwangs näher. In Rußland fehlt bis jetzt ein Versicherungs-gesetz gänzlich, und es ist von einer Gesetzgebung im westeuropäischen Sinne keine Rede. Wenn wir darauf zurückkommen, daß die Arbeiter größtentheils Bauern sind und als ständige Fabrikarbeiter nicht bezeichnet werden können, so ersehen wir, daß ein Versicherungsgesetz hier nicht so dringend nöthig ist wie in anderen Staaten, da der polnische Arbeiter, welcher zugleich Bauer ist, auf jeden Fall ein Existenzminimum besitzt und durch seinen Haus= und Grundbesitz sich vor der äußersten Noth geschützt sieht. Die Haftpflicht des Arbeitgebers bildete seit langer Zeit den Gegenstand vieler Berathungen, ohne daß diese zu einem positiven Resultat geführt hätten. Die wenig zahlreichen entsprechenden Rechts= paragraphen beschränken die Schadenersatzverbindlichkeit auf die durch nachweisbares Verschulden herbeigeführten Körperverletzungen und Tödtungen, im Anschluß auf die bezüglichen Bestimmungen der Gesetzgebung. Haupt= grundsatz: Der Arbeitgeber wird vor Gericht als des Unfalls schuldig seitens der Fabrikinspektion angeklagt und soll die Beweise des Gegen= theils liefern.

Ein Gesetzentwurf vom Jahre 1883 beabsichtigte im Wege der Verschärfung der Haftpflicht der Arbeitgeber folgende Maßregeln zu Gunsten der Arbeiter einzuführen: „Die Höhe der Indemnität sollte bei jedem Unfall nach dem Lohn des betreffenden Arbeiters bemessen werden. Im Falle des Todes sollte die Indemnität betragen: die Kosten der Krankheitshülfe (Arzt, Apotheke und des Begräbnisses). Die Wittwe sollte bis zur Zeit ihrer Wiederverheirathung eine Rente im Betrag von 50 Prozent des Lohnes ihres verstorbenen Mannes bekommen, die Kinder bis zu ihrem 15. Lebensjahre $16^2/_3$ Prozent dieses Lohnes, wenn deren Mutter noch lebt, und wenn nicht, 25 Prozent. Es sollten endlich die Eltern des Verunglückten das Recht auf $16^2/_3$ Prozent beanspruchen, alle diese Pensionen zusammen sollten jedoch 75 Prozent des ganzen Lohnes nicht überschreiten. Bei einem Unfall, welcher nur eine vorübergehende Arbeitsunfähigkeit hervorruft, sollte der Arbeitgeber dem Arbeiter den ganzen Lohn neben den Arbeitskosten auszahlen. Im Falle einer dauernden Arbeitsunfähigkeit soll der Pensionsbetrag dem Lohn des Ar= beiters gleich sein. Wenn diese Arbeitsunfähigkeit eine dauernde, aber partielle ist, sollte die Pension zwischen 25—75 Prozent des Lohnes be= tragen. Es war dem Arbeiter die Wahl gelassen, zwischen jährlicher Rente und einmaliger Auszahlung einer Geldsumme, die 6 Mal seinen jährlichen Lohn ausmachen sollte (ohne jedoch die Maximalsumme von 6000 Rubeln zu überschreiten). Als vor Gericht verantwortliche Person

figurirt immer der Betriebsunternehmer selbst, dem es freisteht, sich durch
Verklagung Desjenigen schadlos zu halten, durch dessen Schuld der Unfall
herbeigeführt wurde. Sie können von der Entschädigung nur dann befreit werden, wenn sie nachweisen, daß der Unfall entstanden ist:

a) nicht durch die Schuld des Betriebsunternehmers, der Verwaltung oder der Agenten des Unternehmers;

b) daß das Unglück auch durch die Ergreifung von Vorsichtsmaß-
regeln nicht hätte vermieden werden können (Einwirkung einer
unbezwinglichen Elementarkraft);

c) wenn der Unfall durch das eigene Verschulden des Arbeiters
herbeigeführt wurde.[53])

Diese Bestimmungen sind ihrem wesentlichen Inhalt nach veröffent-
licht, aber nicht zum Gesetz erhoben worden. Sie erweisen augenscheinlich
den Arbeitern gegenüber großes Wohlwollen, ihre Schattenseiten zeigen
sich aber vornehmlich — vom Standpunkt der Arbeiter aus — in der
Nothwendigkeit der gerichtlichen Klage, während andererseits der Arbeitgeber durch die Zuweisung einer weitgehenden privatrechtlichen Haftpflicht
oft in eine prekäre Lage gebracht wird.

„Die einzige Verordnung, die heutzutage gesetzliche Kraft besitzt, ist
hier das im Gesetz vom Jahre 1886 erschienene Verbot, von den Arbeitern Zahlungen für ärztliche Hülfe zu erheben.[54]) [55])

Das ist Alles, was auf diesem Gebiet bis jetzt seitens des Staates
geboten ist. Man denkt gegenwärtig daran, die Fabrikherren zu ver-
pflichten, in dem Kostenvoranschlag jeder industriellen Anstalt eine gewisse
Summe für Entschädigung der Arbeiter gegen Betriebsunfälle vorauszu-
bestimmen.

Das, was in Bezug auf Versicherung, Kranken- und Sparkassen
bei uns gegenwärtig besteht, ist nur der privaten Thätigkeit zu verdanken (siehe § 13). Es sollten hier auch übrigens die Arbeitgeber und
Arbeiter viel eher die eigene Initiative ergreifen, und zur Inanspruch-
nahme der Gesetzgebung nur bei gewissen Vorkehrungen, Leistungen und
Einrichtungen verpflichtet sein.

§ 12. Staatliche Aufsichtsbehörden.

Die Fabrikinspektion wurde in Rußland sehr spät eingeführt, und
doch sind aus ihrer Thätigkeit schon jetzt viele gewünschte Aenderungen her-

---

[53]) Congrés international des accidents du travail, rapport réunis par
E. Gruner 1889.

[54]) Handwörterbuch der Staatswissenschaften. Arbeiter-Versicherung in
Rußland.

[55]) Für Polen vom 1. Juni 1891 an gültig.

vorgegangen, viele Uebel beseitigt. Als Aufsichtsbeamte fungiren die Oberinspektoren (5. Amtsklasse, 5000 Rubel jährlichen Gehalt nebst Zuschuß für Amtsfahrten und Kanzleikosten) und die Bezirksinspektoren (6. Amtsklasse, 3000 Rubel jährlichen Gehalt und Zuschuß wie die ersteren). Alle Fabriken sind diesen Inspektoren untergeordnet. [56]) Die beiden (östlicher und westlicher Eisenberg und Fabrikbezirke des Königreichs sind hier als Ausnahme insofern anzuführen, als sie unter der Aufsicht zweier besonderer staatlichen Beamten (Bezirkingenieure) stehen, welche direkt mit dem Departement der Industrie und des Handels im Finanzministerium in Verbindung stehen. Ein dritter Beamter ist für die in den beiden Bezirken vorhandenen staatlichen Bergwerke und Fabriken angestellt. Der Bezirkingenieur bekommt gleich großen Gehalt wie die Bezirksinspektoren. Der Umfang seiner Thätigkeit ist ein sehr bedeutender, da er für die Bergwerke und Metallfabriken die oberste staatliche kontrollirende Behörde ist. Zu seinen Befugnissen gehört: „Die Bestätigung der Fabrikpläne und die Ueberwachung ihrer Ausführung, die Beobachtung der Sanitäts- und Sicherheitsmaßregeln, die Untersuchung der Unfall-Ursachen, bei welchen er vor Gericht als Ankläger erscheint. Die Aufsicht über die Ausführung aller zum Schutz der Minderjährigen und Frauenspersonen erlassenen Bestimmungen, sowie die Aufsicht über die beiderseitige Erfüllung der die Beziehungen der Fabrikanten und Arbeiter regelnden Verordnungen, die Vorbeugung von Mißverständnissen und Zerwürfnissen zwischen Arbeitern und Fabrikanten, sowie Prüfung und Bestätigung der Taxen, des Stundenplanes für die Arbeit, überhaupt der Fabrikordnung. [57]) Schließlich ist er noch zur Kessel-Revision verpflichtet. Diese war ihm schon früher eine Zeit lang zugewiesen, später aber wurde sie mit der Eröffnung des technologischen Instituts in St. Petersburg als einzige Einnahme der Technologen diesen überlassen (25 Rubel vom Kessel). Für die Fabriken jeden Gouvernements war 1 solcher Technologe angestellt. Vor zwei Jahren wurde aber die Kesselrevision in den Bergwerken und Metallfabriken wiederum auf die Bezirksingenieure übertragen. Alle Kosten der Kesselrevision (also die Reisekosten des Mechanikers, seinen Lohn, die Kupfer- und Stempelmarken) trägt der Kesselbesitzer. (§ 49 Bd. XI. des Fabrikgesetzes. Auszug aus den Anordnungen für Privatfabriken vom Jahre 1888.)

---

[56]) Auch die Eisenfabriken in den Gouvernements, welche den beiden Bergbezirken nicht angehören.

[57]) Neues Gesetz vom Jahre 1891. Handwörterbuch der Staatswissenschaften.

Neben den Bezirkingenieuren sind für die Bergwerke noch andere, den erften untergeordnete Beamte angestellt, die sogenannten Markscheider, und zwar einer für jeden Bezirk. Ihre Thätigkeit bezieht sich hauptsächlich auf die Bergwerkseinrichtungen, d. h. genaue Kontrolle der Bergwerkpläne und aller unterirdischer Arbeiten.

Das Verhältniß dieser Auffichtsbehörden zu den Gouvernements= und Kreisbehörden regelt sich analog demjenigen der übrigen dem Finanz= minister unterstellten Organe.

Viertes Kapitel.

Die privaten Maßregeln zur Beseitigung der Uebelstände.

§ 13. Unfallentschädigung. Versicherung der Arbeiter. Hülfskassenwesen. Sparkassen.

Die privaten Maßregeln zum Wohl der Arbeiter sind hauptsächlich in den größeren Fabriken zu finden, in denen ihre Entwickelung eine bedeutendere ist, als man im Ausland im Allgemeinen über Russisch-Polen annimmt. Man versteht hier ganz gut, daß die Arbeitslust und Pflichttreue der Arbeiter sehr viel von dem Verhalten des Arbeitgebers ihnen gegenüber abhängt, und daß die zu ihrem Wohl getroffenen Einrichtungen in beiderseitigem Interesse liegen.

Da öffentliche Statistiken und überhaupt irgend ein umfassenderes Werk auf diesem Gebiet nicht vorhanden sind, muß ich mich damit begnügen, die Zustände nach dem Material, welches mir von den Fabrikdirektionen geliefert wurde, und nach meinen persönlichen Ermittelungen zu schildern. Ich will die Einrichtungen in den größeren Fabriken separat besprechen, da die Zahl der in jeder derselben beschäftigten Arbeiter im Verhältniß zu der allgemeinen Arbeiterzahl eine bedeutende ist, und weil ein klarer Ueberblick hier, wie ich glaube, nur durch diese Darstellungsweise erreicht werden kann. Eines ist jedoch vorher noch hervorzuheben. Die getroffenen Privatanordnungen haben bis jetzt nicht die staatliche Bestätigung und werden von den Behörden nur tolerirt.

Die französische Fabrikgesellschaft „Aciéries de Huta Bankowa", an der schlesischen Grenze darf man hier voranstellen, da ihre Verfassung zum Wohl der Arbeiter als die beste bei uns gilt. Die Hauptpunkte dieser Verfassung sind: Alle Fabrikbeamten und Arbeiter sind verpflichtet, Mitglieder der Hülfskasse zu werden. Die Hülfskasse, welche im Jahre 1891 über ein Kapital von 40000 Rubeln bei 800 Arbeitern

verfügte, wird gebildet: 1.) von $2^1/_2$ % des Lohnes aller Mitglieder;
2.) von Strafgeldern; 3.) von den Beiträgen der Gesellschaft (welche der
von den Mitgliedern eingezahlten Geldsumme gleich sind); 4.) von pri=
vaten Geldgeschenken.

Die so gebildeten Fonds werden für Arzneien und zur Aushändigung
von Unterstützungsbeträgen verwendet. Der Arzt und die Hebamme
werden von der Gesellschaft bezahlt. Jeder aus der Fabrik definitiv aus=
scheidende Arbeiter verliert den Anspruch auf die in die Hülfs=
kasse schon eingezahlten Gelder. Die Mitglieder, ihre Frauen und ihre
noch nicht arbeitenden Kinder haben das Recht auf: 1.) Unterstützung
während der Krankheit (drei Monate lang); 2.) Unterstützung zu den
Begräbnißkosten. — Diese Geldunterstützungen betragen 1.) für verheirathete
Arbeiter 20 Kop. täglich, für jedes Kind (welches noch nicht 14 Jahre
alt ist) 5 Kop. Das Ganze kann jedoch nicht die Hälfte des täglichen
Lohnes des Arbeiters übersteigen; 2.) für Unverheirathete 15 Kop., aber
nur dann, wenn die Krankheit länger als fünf Tage dauert. Wenn
der Arbeiter im Krankenhaus sich befindet, bekommt der Verheirathete
10 Kop., das Kind 5 Kop., die Unverheiratheten gar nichts. Keine Unter=
stützungen bekommen die Mitglieder: 1.) welche Säufer sind; 2.) den
ärztlichen Vorschriften nicht Folge leisten. Die Mitglieder, welche nach
dreimonatlicher Krankheit (wegen eines Unfalls) noch nicht arbeiten
können, bekommen eine Unterstützung, so lange sie arbeitsunfähig sind
(unter Umständen also lebenslänglich).

Die Höhe dieser Unterstützung wird durch die Kassenleitungs=
kommission bemessen. (Es kommen hier in Betracht: Die materiellen Ver=
hältnisse des Arbeiters, die Ursachen der Krankheit und die Zahl seiner
Arbeitsjahre in der Fabrik.) Die Wittwe bekommt, so lange sie sich
nicht zum zweiten Male verheirathet, die Hälfte ungefähr des Lohnes
des Verstorbenen (sonst Bemessung durch die erwähnte Kommission), für
das Begräbniß eines bei der Arbeit getödteten Arbeiters 20 Rubel, bei
sonstiger Todesursache 15 Rubel, bei dem Tode der Frau des Arbeiters
10 Rubel, beim Tode eines Kindes 5 Rubel.

Die Kassenleitungs-Kommission besteht aus dem Fabrikdirektor (mit
zwei Stimmen), aus zwei Beamten der Fabrik und fünf Arbeitern. Die
Kasse steht unter der Aufsicht des betreffenden Landraths.[58])

Eine Sparkasse befindet sich in der Fabrik selbst nicht. In letzter
Zeit werden aber ziemlich oft staatliche Kassen von den Kommunen, Post=
ämtern oder Kreisen gebildet, so daß der Arbeiter dieselben überall zur

---

[58]) Auszug aus der im Druck erschienenen Verfassung der Fabrik vom
1. April 1884.

Verfügung hat. Trotzdem ist bis jetzt die Betheiligung eine sehr geringe — Diese so uneigennützigen Einrichtungen der Fabrikbesitzer zum Wohle der Arbeiter trifft man sogar im Auslande selten, deßhalb darf auch „Huta Bankowa" als ein Vorbild allen inländischen Fabriken dienen. [30])

In der „Katharinahütte", Filiale der schlesischen Königs= und Laurahütte (westlicher Bezirk) besteht eine private Kranken= und Begräbniß= Unterstützungskasse, für die namhafte Beträge auch seitens der Verwaltung bewilligt werden. Die Mitgliedschaft berechtigt zum unentgeltlichen Ge= brauch der ärztlichen Hülfe und freien Empfang der Arzneien, gewährt auch unter Umständen der Wittwe zeitweilige Unterstützung. Eine Spar= kasse existirt zur Zeit nicht, obgleich die Lohnverdienste der Arbeiter der= artige sind, daß jeder bessere Arbeiter im Stande ist, sich einen Spar= groschen zurückzulegen.

Ungefähr dieselben Maßregeln sind in den benachbarten Walzwerken „Milowice" (Filiale der schlesischen Friedenshütte) und Puszkin (Eigen= thümer Graf Donnersmark) getroffen worden. In ersteren werden die Arbeiter auf Kosten der Fabrik in der Versicherungs = Gesellschaft „Rossya" versichert. (Es werden in dieser Gesellschaft einmalige Kapital= auszahlungen gewährt, welche bei gewöhnlichen Unfällen 200 Rubel be= tragen können, im Fall des Todes der Wittwe bis auf 2000 Rubel steigen, d. h. 600 Mal den täglichen Lohn des Verstorbenen.)

Von den größeren Fabriken des östlichen Bezirks sind hauptsächlich zwei anzuführen; diese sind: die „Starachowitzer Gesellschaft in Nietulisko" und die „Gesellschaft für Hochofen und Fabrikanstalten in Ostrowiec". Nach den Berichten der Direktion werden hier die Arbeiter gegen Unfälle nicht versichert; sie er= halten ärztliche Hülfe und Arzneien von der sogenannten „Brüderkasse", von der sie auch im Falle der Krankheit und für Begräbnißkosten Unter= stützungen bekommen. Sie zahlen, um diesen Kassenfond zu bilden, 3 $\frac{1}{3}$ % ihres Lohnes. Sparkassen giebt es nicht; die Gesell= schaft hat jedoch eine „Vorsehungskasse" auf eigene Kosten eingerichtet, indem sie jährlich eine Geldsumme dazu bestimmt, die gleich 4 % des Lohnes aller Arbeiter ist. Es werden dafür öffentliche Werthpapiere gekauft, und die Zinsen aus diesen Papieren werden alljährlich unter die Mitglieder der Kasse vertheilt. Diese so zusammengebrachten kleinen Kapitalien werden jedoch dem Arbeiter bei seinem Abgang von der Fabrik

- - - - -

[30]) Im Jahre 1891 wurde den Arbeitern gelegentlich eines besonders günstigen Jahresabschlusses eine einmalige Prämie von 10 000 Rubeln Seitens

nicht sofort, sondern die Hälfte nach fünf, der Restbetrag erst nach zehn Jahren ausbezahlt; im Falle seines Todes bekommen jedoch die Erben die ganze Summe sogleich.

Die „Gesellschaft für Hochöfen und Fabrikanstalten in Ostrowice" versichert ihre Arbeiter auch nicht. Bei einem Unfall während der Arbeit erhält der Arbeiter die Arzneien ohne Entgelt und Krankenunterstützung (sog. Krankenschichten). Es stellt die Fabrik außerdem auf eigene Kosten einen Arzt und eine Hebamme. Alle Kosten der Unterstützungskasse trägt die Gesellschaft. Eine Sparkasse ist nicht vorhanden; in naher Zeit soll aber, auf Wunsch eines Theils der Arbeiter, eine Fabriksparkasse gebildet werden, die ihnen für ihre Einlagen 6 % Zinsen vergüten wird.

Fast alle größeren Fabriken hatten die Gewährung von unentgeltlicher Leistung ärztlicher Hülfe und von Arzneien schon eingeführt, noch bevor das Gesetz vom Juli 1891 diese Maßregel in Polen anordnete. —

In der „Warschauer Maschinenfabrik" sind außer den Sparkassen Hülfskassen und Leihkassen gebildet, welche fast durchweg auf Kosten der Fabrik bestehen. Die Arbeiter werden in den Krankenhäusern unentgeltlich gepflegt und bekommen 10—20 Kop. täglich Krankengeld. Für Begräbnißkosten werden 7,50—15 Rubel ausbezahlt. Eine Versicherung der Arbeiter besteht bis jetzt noch nicht.

Die „Gesellschaft für Metallanstalten" unter der Firma E. Hantke hat eine Brüderkasse eingerichtet, zu welcher alle Arbeiter Beiträge entsprechend der Höhe ihres Lohnes leisten müssen, in je zwei Wochen 30, 20 oder 10 Kopeken. Von diesen Fonds bekommt jeder Kranke eine tägliche Unterstützung in doppeltem Betrage seiner Beitragsleistung $(2 \times 30, 2 \times 20, 2 \times 10$ Kop.). Außerdem erhält die Familie im Falle des Todes des Arbeiters für das Begräbniß 10, 15 oder 20 Rubel in einmaliger Auszahlung. Die Arbeiter werden nicht versichert, es besteht aber eine Fabriksparkasse (gebildet durch Beiträge in Höhe von 8 % des Lohnes), die von ihrem Kapital im Nothfall dem Arbeiter Geldsummen gegen allgemeine Bürgschaft und ohne Zinsen ausleiht. Die Freigebigkeit der Gesellschaft ermöglichte es, eine Unterstützungskasse zu schaffen, welche den Arbeiter-Waisen und den Arbeitern selbst nach einem Unfall fixe Pensionen auszahlt.

Die „Aktiengesellschaft der Maschinenfabrik und Gießerei vorm. K. Rudzki u. Co." versichert ihre Arbeiter in der Versicherungsgesellschaft Rossya. [60])

Siehe S. 51.

Es besteht eine Zwangssparkasse, für welche allen Arbeitern 5 %
ihres Lohnes abgerechnet werden. Wenn der Arbeiter von der Arbeits=
stätte entfernt wird, bekommt er sogleich sein ganzes Kapital, wenn er
freiwillig die Fabrik verläßt, wird ihm jenes erst nach zwei Monaten
ausgezahlt.

Die „Industrielle Aktiengesellschaft unter der Firma
Lilpop, Rau und Loewenstein" hat ähnliche Wohlfahrtseinrichtungen
eingeführt. Der Arbeiter bekommt bei jedem Unfall eine Unterstützung,
deren Höhe nach den Arbeitsjahren, nach den materiellen Verhältnissen,
dem Arbeitsfleiß des Arbeiters u. s. w. unterschiedlich bemessen wird.
Eine ähnliche Unterstützung bekommen die Arbeiter, welche eine bestimmte
Zahl von Jahren in der Fabrik beschäftigt sind. Eine Sparkasse ist vor=
handen, zu der alle Arbeiter zwangsweise herangezogen werden, indem
ihnen von je 7 Rubel Lohn 15 Kop. abgezogen werden. Diese Sparkasse
ist so wie die Seite 52 beschriebene eingerichtet. Für die eingezahlten
Beträge werden Werthpapiere gekauft und die Zinsen unter die Arbeiter
vertheilt. [61])

In den kleineren ländlichen, vornehmlich im östlichen Bezirk liegenden
Fabriken begnügt man sich mit der schon oben erwähnten „Brüderkasse",
in welche die Arbeitgeber und Arbeiter je nach den Orten höhere oder
niedere Beiträge leisten (1—3 Prozent). Diese „Brüderkasse" gewährt
den Mitgliedern unentgeltliche ärztliche Hülfe nebst Arzneien, hie und da
auch unbedeutende Begräbnißunterstützungen. Sonstige Wohlfahrtsein=
richtungen sind in den zahlreichen kleinen Fabrikorten noch nicht üblich.

In den staatlichen Fabriken des westlichen Bezirks bestand vor
Jahren, als alle diese Fabriken noch im Betrieb waren, die folgende ganz
eigenthümliche Einrichtung: „Der Bergingenieur führte ein genealogisches
Verzeichniß über alle in den Staatsfabriken seit Jahren beschäftigten
Arbeiterfamilien, diese Arbeiter leisteten dem Staate einen Eid, ihr ganzes
Leben hindurch in derselben Fabrik zu arbeiten und wurden dafür von
der Wehrpflicht befreit. Sie zahlten in die Hülfskasse 6 Prozent ihres
Lohnes und vierteljährlich einmal die sog. „vierteljährige Schicht", d. h.
den Lohn eines Arbeitstages. Die Prozente bildeten den Emeritur=Fond,
die vierteljährige Schicht sollte die Kosten für ärztliche Hülfe, Arzneien
und Krankenhaus decken. Fremde Arbeiter zahlten 4 % ihres Lohnes
und bekamen dafür keine Emeritur, sondern nur die ärztliche Hülfe. Bei
dem niedrigen Arbeitslohn (50 Kop. bis 1,20 Rub., höchstens 1,30 Rub.)
waren diese Abgaben ziemlich hoch bemessen und standen zur Emeritur
und sonstiger Hülfeleistung in keinem gerechten Verhältniß. Nur die,

welche den verlangten Eid geleistet, bekamen im Krankheitsfall Geldunter=
stützungen und zwar nur dann, wenn sie in einem staatlichen Kranken=
haus sich behandeln ließen. Es wurden hier 25 Kop. pro Person gezahlt·
davon wurden 16 Kop. für die tägliche Nahrung abgezogen, so daß die
eigentliche Geldunterstützung 9 Kop. täglich betrug.

Der vereidigte Arbeiter bekam nach zehnjähriger Arbeitsdauer ¹⁄₈
der durch die Prozente gebildeten Fonds, als Emeritur; nach 20 Jahren
¹⁄₄, nach 30 Jahren ¹⁄₂, nach 40 Jahren die Hälfte dieser Fonds, und
zwar nur in dem Fall, wenn er zur Arbeit untauglich geworden war.
Wenn er vor Beendigung der 40 Arbeitsjahre (z. B. im 39. Arbeitsjahre),
in eine andere Fabrik auch nur einen Monat eingetreten wäre, so wäre
ihm die ganze Emeritur verloren gegangen. Wenn aber der Arbeiter
z. B. im ersten Jahre bei der Arbeit verunglückt, so bekam seine Wittwe
genau so viel, als wenn er schon 40 Jahre gearbeitet hätte. Die Wittwe
und die Kinder bis zu ihrem 15. Lebensjahre bekamen dieselbe Emeritur,
wie sie dem Verstorbenen zufiel. Der Wittwe aber wurde jene erst von
der Zeit ihrer Vermählung an gerechnet. Sie mußte wenigstens 10 Jahre
verheirathet gewesen sein; sonst bekam sie nichts.

Diese Einrichtung wurde mit der Einführung der allgemeinen
Wehrpflicht abgeschafft. Von den vereidigten Arbeitern sind noch jetzt
489 am Leben, welche zusammen jährlich 17,146 Rubel bekommen, d. h.
37 Rubel pro Person.⁹²)

Die besprochenen Fabrikordnungen erweisen ein schon ziemlich bedeutendes Vorschreiten auf dem Gebiet der Wohlfahrtseinrichtungen für
die Arbeiter. Manche Uebel und Mängel können ja noch konstatirt
werden, vornehmlich in den kleineren Fabriken, die in dieser Beziehung
sich auf einer sehr primitiven Stufe befinden.

Es fehlen noch die im Auslande fast überall vorhandenen Wittwen-
und Waisenkassen, Alterskassen, Hülfskassen gegen Arbeitslosigkeit ꝛc.

Die individuelle Versicherung gegen Unfälle ist noch sehr wenig entwickelt,
obgleich sie bei den verschiedenen Privatversicherungsgesellschaften mit
verhältnißmäßig geringen Kosten zu erzielen wäre. Von einer Kollektiv-
versicherung der Arbeiter kann, wie ich glaube, nur dann die Rede sein,
wenn sie auf Kosten des Arbeitgebers ausgeführt würde, ohne Ver-
kürzung des Lohnes, der in den kleineren Fabriken bis auf den letzten
Groschen ausgerechnet, zum Lebensunterhalt des Arbeiters unbedingt
nöthig ist.

Die sonst sehr wohlthätig wirkenden Krankenkassen erscheinen doch

---

⁹²) Staatsarchiv für Berg= und Fabrikwesen zu Dombrowa.

noch ungenügend, weil sie fast nie die Lohnhöhe vergüten, nicht den Ersatz für Schaden an Pflege u. s. w. bieten, weil also schließlich jede Krankheit dem Arbeiter großen Verlust verursacht. Es sollten hier nach dem Beispiel der „Huta Bankowa" vor Allem Hülfskassen (auf dem Prinzip der Gegenseitigkeit bei relativer Gleichheit der Krankheitsgefahr beruhend) in's Leben gerufen werden und zwar mit Betheiligungszwang für alle Fabrikarbeiter. Ein Beitrag in der Höhe von 2—3 % aller Löhne würde hier schon genügen, vorausgesetzt natürlich, daß die Arbeitgeber Dasselbe oder sogar das Doppelte leisten, was heutzutage sehr selten geschieht.

Nehmen wir z. B. eine der kleineren Fabriken, die durchschnittlich gegen 100 Arbeiter beschäftigt, in Betracht und sehen wir, wie groß die in der Hülfskasse jährlich zusammengebrachte Summe sein könnte, bei einem Beitrag von 3 % aller Löhne und der gleichen Leistung von Seiten des Arbeitgebers. In den kleineren Fabriken bilden die Hülfsarbeiter fast durchweg die Hälfte der gesammten Arbeiterzahl.

50 Hülfsarbeiter à 35 Kop. im Durchschnitt × 320 Tage = 5600 Rub. jährl.,
50 gelernte Arb. à 65 „ „ „ × 300 „ = 9750 „ „

Summa 15350 Rub. jährl.

3 % dieser Summe = 460 Rub.

Nehmen wir an, daß der Arbeitgeber nur das Gleiche zulegt, so werden wir eine jährliche Quote von 920 Rub. erzielt finden und zwar mit wenig Anstrengung von beiden Seiten, eine Summe, mit der man bei 100 Arbeitern jährlich manchen Mangel beseitigen könnte, vorausgesetzt natürlich, daß diese Gelder nicht für Arzt und Apotheke, die ja nach dem neuen Gesetz der Arbeitgeber zahlen soll, verwendet werden. Es ist die Pflicht der Arbeitgeber, der Beamten und gebildeteren Arbeiter, jene freiwilligen Leistungen für die Gesammtheit anzuregen und zu fördern, mögen dann die Reichen noch reicher werden, wenn ihr Geld schließlich Gott und den Menschen dienstbar gemacht wird. Aber auch die Nichtreichen und geraden Leute aus den mittleren und unteren Ständen können durch eine humane und zugleich praktische Auffassung der Verhältnisse, durch Weckung des Selbstgefühls der Arbeiter und durch persönliches Eintreten für die Schwachen und Verzagenden viel zur Linderung der sozialen Noth beitragen.

§ 14. **Fabrikhäuser. Konsumanstalten. Mannschaftsküchen.**

(Ueber Fabrikhäuser siehe § 5.)

um den Arbeitern eine nahe und sichere Bedürfnißbefriedigung zu ver=
schaffen und sie vor der Unehrlichkeit und Ausbeutung seitens der Pro=
vinzial=Kleinkrämer (hauptsächlich Juden!) zu schützen.

Diese Konsumanstalten werden gewöhnlich auf zweifache Weise in's
Leben gerufen. Entweder werden sie von den Arbeitgebern auf eigenes
Risiko eröffnet, oder es werden Antheile auch unter die Arbeiter verkauft,
um ein größeres Anlagekapital zu bilden und in der Arbeiterbevölkerung
selbst für das Vorwärtskommen der Anstalt Interesse zu erwecken.
Konsumanstalten, welche vom Arbeitgeber oder von Aktiengesellschaften
(ohne Antheil der Arbeiter) eröffnet sind, haben keinen (hie und da einen
nur sehr geringen) Anspruch auf Reingewinn, erstreben allein die Deckung
der Anlage und Betriebskosten, in den ersten Zeiten nach der Gründung
gewöhnlich auch die Schaffung eines kleinen Kapitals, um im Nothfalle
einen Reservefond zu haben.

Diese Konsumanstalten sind jetzt schon an fast allen Provinzial=
Fabrikorten vorhanden. Der Arbeiter bekommt dort alle Nahrungsmittel,
dann Hafer, Heu, alle unentbehrlichen Gegenstände der Hauswirthschaft
und des täglichen Bedarfs, hie und da auch Kleidungsstoffe. Es ist all=
gemein üblich, nur auf halben monatlichen (schon erworbenen) Lohn den
Arbeitern Kredit zu gewähren. In den Städten besitzen die Fabriken
eigene Konsumanstalten nicht, stehen aber gewöhnlich mit privaten Konsum=
läden in Verbindung, um den Arbeitern Kreditgewährung und gute
Waarensorten zu verschaffen.

Die Konsumanstalten haben sich auf dem Lande fast überall vor=
trefflich bewährt und üben auf die Ausgebewirthschaft der Arbeiter einen
sehr günstigen Einfluß.

„Es wird erlaubt, in den Fabriken Läden zu eröffnen, um den
Beamten und Arbeitern die nöthigsten Lebensmittel in guter und billiger
Sorte zu verschaffen. Die Fabrikinspektion soll das Waarenverzeichniß
und die Waarenpreise, welche in dem Laden zur allgemeinen Besichtigung
auszuhängen sind, kontrolliren. Wenn der Arbeiter Schulden im Konsum=
laden hat, soll ihm bei jeder Lohnauszahlung nicht mehr als ein Drittel
der ihm gebührenden Summe abgezogen werden, wenn er ledig ist, nicht
mehr als ein Viertel, wenn er verheirathet oder Wittwer ist und Kinder
besitzt. Der Fabrikherr wird im Fall der Nichtbefolgung der Vorschriften
über die Eröffnung der Konsumläden und der Buchführung in denselben
mit einer Strafe von 25 bis 100 Rubel belegt; von 50 bis 300 Rubel
aber, wenn er von den Arbeitern Zahlung für solche Gegenstände fordert,

Waarentarife eigenmächtig verändert oder ~~~ die Arbeite~~~ t besonderen Zahlmarken, mit Brod oder sou~~~ ~~~ren abfinde~~~
Mannschaftsküchen sind nach mein~~~ ~~~ngen mir in zwei
Stellen eingerichtet und zwar in den an ~~~ ~~~n Grenze liegenden
deutschen Fabriken „Katharina" und „Milowice."

---

[3]) § 105, 141, 154, 155 des neuen Gesetzes vom Juni 1891.

Fünftes Kapitel.
(Einige Schlußbetrachtungen.)

Die Arbeiterfrage lenkt die Aufmerksamkeit aller zivilisirten Nationen seit der Zeit auf sich, seit welcher der Frieden der verschiedenen Gesellschaftsklassen durch den Kampf, wie er in Folge der industriellen Konkurrenz entsteht, bedroht zu sein scheint. Das Streben nach einer annehmbaren Lösung der Frage ist heutzutage nicht nur eine humanitäre Pflicht, sondern bildet auch das Hauptziel der modernen Regierungsweisheit.

Man beschäftigt sich deshalb sehr viel mit den Arbeiterverhältnissen und Alles, was diese Arbeiter thun, wie sie leben, wohnen, essen, sich kleiden, alles Das erweckt heutzutage allgemeines Interesse. Eine große Anzahl von Berichten und Beiträgen ist auf diesem Gebiete erschienen; die meisten derselben sind aber von Solchen verfaßt, die nach der Mode sich richtend (welche Arbeiterfreundlichkeit so zu sagen erzwingt), den Gegenstand nur vorübergehend besprechen. Wenige jedoch entstammen der wahren Antheilnahme und dem Fleiß Jener, die in den Verhältnissen leben, eng mit der Arbeiterbevölkerung durch gemeinsame Interessen und Ziele verbunden sind, die alle Eigenschaften, Bedürfnisse und Nothlagen jener Bevölkerung genau kennen. Man muß hier alle Phantasterei abstreifen, indem man in werkthätiger Hülfe selbst bessernd die Hand anlegt. Die Schwierigkeit der Probleme enthüllt sich auch erst Dem, der praktisch zu wirken sucht.

Die Prüfung der Glaubwürdigkeit des zu bearbeitenden Materials ist die erste Voraussetzung jeder exakten volkswirthschaftlichen Untersuchung, und die durch eine organisirte Massenbeobachtung erlangten Ergebnisse verdienen natürlich ein viel größeres Vertrauen, als alle, zahllosen Täuschungen unterworfenen, individuellen Beobachtungen. Die letztern mußten aber von mir in Betracht gezogen werden, da, wie schon gesagt ist und noch einmal betont werden muß, die statistischen Quellen in Rußland überhaupt selten sind, die vorhandenen hingegen meistentheils als ungenügend erscheinen.

Wenn ich also trotz Alledem gewagt habe, eine Schilderung der herrschenden Zustände zu versuchen, so entsprang das hauptsächlich der Absicht, bei uns die Aufmerksamkeit auf die vorhandenen Uebel und Nothstände zu richten, damit einerseits Maßregeln ergriffen werden können, um sie zu beseitigen, und damit andererseits unsere Verhältnisse auch im Ausland, wo dieselben gewöhnlich zu mißgünstig beurtheilt und als zu mangelhaft erachtet werden, bekannter werden.

Wenn wir das besprochene Material rekapituliren, so ist leicht zu ersehen, daß die Zustände in den Eisenfabriken Russisch-Polens besser sind, als man es erwartet hat. Man muß hier vor Allem die Verhältnisse zu unterscheiden wissen zwischen dem Königreich und dem einige hunderte von Kilometern weit liegenden „kalten und öden Rußland", wie man im Ausland das ganze jenseits der östlichen Grenze Deutschlands liegende Gebiet zu bezeichnen pflegt. Im Vergleich mit den Kulturländern West=europas finden sich hier natürlich noch in sehr vielen Beziehungen Mängel und Inkonsequenzen; Rußland steht bis jetzt erst in den Anfängen von sozialen Reformen. Die verhältnißmäßig geringe Zivilisation bietet jedoch eben die Aussicht auf einen mächtigen Aufschwung und eine große Zukunft jenes Landes. Das übrige Europa wird, wie ich glaube, schon ziemlich bald den höchsten Grad seiner regelmäßigen Entwickelung erreicht haben. Es muß hier zu einem Wendepunkt kommen; denn es kann keine Volkswirthschaft in's Unendliche fortwachsen, obgleich es sehr schwer ist, jene unüberschreitbare Grenze nachzuweisen. Rußland befindet sich indessen noch auf den ersten Kulturstufen und hat alles Das durchzu=führen, was anderwärts vollendet ist.

Auf das Ziel, auch dem Dürftigen eine Existenz zu ermöglichen, die gegen die ersten und unveräußerlichen Voraussetzungen unseres heutigen Kulturlebens nicht mehr verstößt, wird man gegenwärtig durch das edelste sittliche Empfinden hingedrängt. Zu dem alten Ausspruch „Noblesse oblige" soll heute „Richesse oblige" hinzugefügt werden und zwar mit noch weitgehenderen Anforderungen auf die damit verbundene humane Pflichterfüllung. Es darf hier nicht vergessen werden, daß dankbare Menschen mit fruchtbaren Feldern zu vergleichen sind, die das Empfangene mehrfach zurückgeben. Leider sind aber bei uns wenige solche Arbeiter, die sich fördern lassen wollen, weil sie noch kein Verständniß für den Segen der höheren Kultur haben. Es wird aber die Arbeiterfrage, diese brennende Tagesfrage, mit der sich gegenwärtig alle westeuropäischen Re=gierungen beschäftigen, auch in Rußland mit der Zeit und schneller, wie ich glaube, als man im Allgemeinen annimmt, in ihrer vollen Entwick=lung und Bedeutung hervortreten; deshalb sollte man auch in Rußland, obgleich es im Augenblick vielleicht nicht so dringend nöthig ist, an eine hauptsächlich für die Zukunft berechnete vollkommenere Arbeiterschutzgesetzgebung denken. Die gänzliche Verschiedenheit der topographischen und allgemeinen Verhältnisse in den verschiedenen Berg- und Fabrik-Distrikten erschweren es in hohem Grade, nach fremdem Muster eine einheitliche Gesetzgebung zu schaffen. Da von Selbsthülfe bei unsern Arbeitern nicht die Rede sein kann, so treten auch schon heute Mißstände hervor, bei denen der Staat helfend eingreifen muß. Die staatliche Intervention ist ja überall der friedlichere und kürzere Weg, obgleich es sehr schwer ist, der Verschiedenheit der Verhältnisse die Bestimmungen anzupassen, ohne wohlerworbene Rechte zu verletzen. Die ersten Schritte wurden auch schon gethan, und man darf hoffen, daß auf diesem, wie auch auf anderen Gebieten bald ein weiterer Fortschritt zum Bessern stattfinden wird. Rußland hat noch sehr viel zu erlernen, aber es besitzt ja das Privilegium der jungen Völker, die Erfahrungen jener Staaten zu benutzen, welche schon früher den Weg der wirthschaftlichen Weiterentwicklung betreten haben. —

I. Inspektionsbezirk (Westlicher)

Benennung der Fabrik	Name des Besitzers	Art des Betriebes	Ar-beiter-Zahl	Nr. a. b. Karte	Lau-fende Nr.
Gouv. Piotrków ¹)					
Blachownia	Graf Henkel Donnersmark	1 Hochofen, Emaillirungsanstalt	129	1	1
Kuznica	B. Förster	1 " "	105	2	2
Panki	Staatliche	1 " "		3	3
Mjaczew	Gebrüder Bauerei	Gießerei, Emaillirungsanstalt	120	4	4
Koniecpol	Graf Potocki	Walzwerk	105	5	5
Porcba	Prinzheim	1 Hochofen, Emaillirungsanstalt	105	6	6
Niwka	v. Kramfta	Gießerei	65	7	7
Kamzewice	Fall	dto.		8	8
Kartarzyna (Catharinenhütte)	Vereinigte Königs- u. Laurahütte, Gesellschaft f. Bergbau u. Hütten-betrieb	Stahl-Gießerei, Walzwert und 2 Hochöfen	752	9	9
Milowice	Braunstein	Gießerei	100	10	10
Dombrowa	Aktiengesellschaft (Filiale der schle-sischen Friedenshütte)	Walzwerk, Gießerei, Drahtfbrt.	362	11	11
Puszkin	Graf Henkel Donnersmark	Walzwerk	204	12	12
Huta Bankowa (Barthütte)	Société anonyme des forges acivries de Huta Bankowa	3 Hochöfen, Walzwert, Eisen- u. Stahlgießerei, Blech-, Draht- und Schienenfabrik	800	13	13
Przytan	Kurland	Hochofen, Emaillirungsanstalt, Frischfeuer	94	14	14
Zalezice	Graf Raczynski	dto.		15	15
Snug	Fall			16	16

¹) Gouv. = Gouvernement.

Benennung der Fabrik	Name des Besitzers	Art des Betriebes	Arbeiterzahl	Nr. a.b. Karte	laufende Nr.
Gouv. Kielce					
Szczeniów	Blumenthal Staatliche	1 Hochofen, Gießerei; Landwirthschaftliche Maschinen-fabrik		17	17
Białogon	Staatliche			18	18
Huta Jadwiga	Drouet et Comp.	Walzwerk		19	19
Gouv. Radom					
Sielpia	Staatliche	1 Walzwerk	340	20	20
Kawenczyn		1 Hochofen		21	21
Ruda Malenicka		Walzwerk, Landwirthschaftliche Maschinen-Fabrik, Gießerei	70	22	22
Malenie	Aktiengesellschaft der Fabrikan-stalten in Ruda Malenicka	Walzwerk, Frischfeuer, Nagelfbr.	50	24	25
Blizin		1 Hochofen, Frischfeuer, Nagelfbr.	400	41	24
(Huta Zofia) Furmanów		1 Walzwerk, Gießerei	521	29	26
Wąchów		1 Hochofen		31	25
Mala Wieś				30	30
Ruda Bialaczowska	Graf Plater	1 Hochofen		—	29
Skornice		1 Hochofen		26	28
Kolonice		1 Frischfeuer		25	36
Rusznice		1 Hochofen	249	27	31
(ab. Gut Borkowice) Kuznica	v. Ciehowski	1 Hochofen	362	28	32
(ab. Gut Konskie) Stomporków	v. Jakubowski	2 Hochofen, Gießerei	70	32	33
Nichorów	Biernacki / Fürst Czetwertynski / Graf Tarnowski / v. Lesniewski	1 Walzwerk	286	33	34
(ab. Gut) Aleksandrów Chlewiska	Französische Aktiengesellschaft der Metallanstalten in Chlewiska	1 Hochofen	314	34	36
Nadolna		1 Walzwerk		36	37
Pawłów	Mokiejewski	Frischfeuer, Nagelfabrik	109	35	38
Rzuców					

II. Inspektionsbezirk (Oestlicher)

Benennung der Fabrik	Name des Besitzers	Art des Betriebes	Arbeiter-Zahl	n. d. Karte	Laufende Nr.	Inspektions-bezirk
Gouv. Radom						
(ab. Gut Przysucha) { Janow, Topornia, Mlyny, Hamernia	v. Dembinski	1 Hochofen	210	38	39	
		Walzwerk	68	39	40	
		Frischfeuer		40	41	
		Frischfeuer		41	42	
Ninkow (ab. Gut b. N.) Krasna	v. Znamier-ski, v. Leśniewski	1 Hochofen	98	42	43	
Kamienna	v. Witwicki	Eisengießerei, Emaillirungsanstalt	250	43	44	
Brzin	Staatliche	"		44	45	
Rejow	"	1 Hochofen, Gießerei		45	46	
Mostki	"	4 Hochöfen		46	47	
		Walzwert	500	47	48	
		Walzwert	102	48	49	
		Walzm.rt	115	49	50	
				50	51	
ab. Gut { Michalow, Nietulinki, Klimkiewiczów Starachowice	Aktiengesellschaft der Ostro-wiger Hochofen- u. Fabrik-anstalten v. Kotkowski	Aktiengesellschaft der Fabrik-anstalten zu Starachowice	2 Hochöfen, Walzwert, Stahlgießerei	250	52	52	**II. Inspektionsbezirk (Oeflicher)**
Bodzechów			3 Hochöfen, Walzwert, Gießerei, Nagelfabrik	480	53	53	
Gouv. Lublin						
Irena	Baron Fraenkel	Walzwert		54	54	Inspektionsbez Lublin
Gouv. Plock						
Brzezno	Naimski	Walzwert		55	55	Inspektionsbez Plock

Benennung der Fabrik	Name des Besitzers	Art des Betriebes	Ur-beiter-zahl Nr. a. d. Karte *(In allen Fabr. ist d. Arb.-Zahl bedeut., b. einzelnen Ziffern habe ich jed. nicht ermitt. könn.)*	Bau-feride Nr. *(Nr. der feride Karte)*	Inspektions-bezirk
Stadt Warschau					
1. Aktiengesellschaft für Maschinenfabrik und Giesserei		Giesserei — b. K. Rudzky et Comp. — Stahl-		56 57	II. Insp.-bezirk Warschau
2. Aktiengesellschaft der "Warschauer Giesserei		"Warschauer Maschinenfabrik", Stahl- und Giesserei			
3. Industrielle Actiengesellschaft, unter Firma "Lilpop, Rau & Loewenstein", Stahl- und				58 59 60	
4. Aktiengesellschaft für Metallanstalten B. Handtke					
5. Maschinenfabrik unter Firma "Scholze und Repham", Giesserei und Maschinenbau					
Gouv. Kielce *(Nachträglich auf der Karte nicht angezeichnet)*					
Pradlo	Jablonski	Walzwerk		62	
Olesin	Niemojewski	do.		63	
Humor	Grün	Frischfeuer		64	
Swiatelko	"	"		65	
Gouv. Piotrkow					
Siemionak	Société anonyme des forges et acéries de "Huta Bankova".		100		I. Snspettbzt. (Westl.)
Ludwik Mikolaj Konstanty } Grabianski			—		
Wolff			55		

Anmerkung. Die Zahl der Arbeiter ist nur in den grösseren Fabriken von 50 angegeben. Die Ziffern sind dem "Kulibinschen Jahrbuch von 1888" entnommen.

Benennung des Bergwerks	Name des Besitzers	Arbeiterzahl
Gouv. Piotrkow.		
Emanuel	} R. Horblicza	70
Konstancya		
Ignacy	} Wolff	65
Antoni		
Karolina		
Alojzy	ab. Gut Cadowe	
Maciej i Urban		
Bafternat	} ab. Gut Mierzenice	
Marcin i Leon		
Herman	} Fürst Hohenlohe	
Stanislaw	Loewenstein	
Mietya	} ab. Gut Solonka	
Croath		
Glück auf	Graf Henkel Donnersmark	
Stara Kurznica	Forster	80
Walenty	Güß	60
Teofil	Glinski	
Gouv. Kalisz.		
Daniel	Beiß	122
Edward	Sadowicz	90
Michal i Stefan	Schulz	117
Gouv. Kielce		
Cäkar	} Mauve	98
Ruklinski	b. Kramia	
Szczepanow	a. G. Wojciechow	
Siehe Anmerkung Seite 64.		

I. Inspektionsbezirt (Westlicher)

Benennung des Bergwerks	Name des Besitzers	Arbeiterzahl
Piotr	} Staatliche	72
Jadwiga		
Gouv. Radom		
Pleszewka	} Staatliche	50
Pawel		
Bukow		
Anna		
Starachowice		
Ostrowice	Aktiengesellsch. d. Starachowicer Aktienanstalt. b. Hochofen- und Fabritanstalten zu Ostrowice	150
	v. Kolkowski	145
Bolechów	} Fürst Lubecki Rüdiger v. Rotlowski	90
Chmielow		
Skornice	} v. Cichowski v. Dombinski	124
Przysucha		
Ruda Maleniecka	Aktiengesellschaft der Fabrikanstalten in Ruda Maleniecka	
Ninkow	} Franz. Aktiengess. der Metallanstalten in Chlewiska	240
Chlewiska		60
Blizin	Graf Platter	224
Nieklan		100
Borkowice	} Graf Czetwertynski	220
Konskie		89
	Graf Tarnoski	123

II. Inspektionsbezirt (Oestlicher)

I. Inspektionsb. (Westlicher)

—

Litteratur = Verzeichniß.

(Quellen.)

1.) Zusammenstellung statistischer Berichte über die Bergbau-Industrie Rußlands im Jahre 1887. Nach offiziellen Quellen bearbeitet von S. Kulibin. St. Petersburg 1890.

2.) Dasselbe für 1888. St. Petersburg 1891.

3.) Vorschriften für private Fabriken, Werkstätten und Bergwerke, in welchen sich Dampfkessel- und Maschinen, sowie andere Maschinen befinden. Petrokow 1888.

4.) Das neue Gesetz, betreffend die Annahme zur Arbeit der Fabrikarbeiter und die Aufsicht über die industriellen Fabrikanstalten, sowie Bestimmungen über die Fabrikinspektion, die Arbeit und die Bildung der Minderjährigen; in Anpassung für die Departements des Königreichs Polen. Warschau 1891.

5.) Statuts de la caisse de secours pour les ouvriers de l'asile de „Huta Bankowa". Dombrowa 1884.

6.) Archiv für Berg- und Hüttenwesen zu Dombrowa.

7.) Handwörterbuch der Staatswissenschaften.

8.) Singer: Die sozialen Zustände in den böhmischen Fabrikbezirken.

9.) Dr. Heinrich Braun: Archiv für soziale Gesetzgebung und Statistik. 4. Band. 1. Heft.

10.) Dr. G. von Schönberg: Die gewerbliche Arbeiterfrage.

11.) Congrès international des accidents du travail. 1889. Rapports réunis par E. Gruner.

12.) Conférence internationale concernant le réglement du travail aux établissements industriels et dans les mines. Leipzig 1890.

13.) Jahrbuch der Nationalökonomie 1883: Das russische Gesetz über die in den Fabriken und Manufakturen arbeitenden Minderjährigen.

14.) Zoltowski: Die Finanzen des Herzogthums Warschau, Posen 1890.

15.) Der Arbeiterfreund, Jahrgang XXIX., 2. Vierteljahrsheft: Gegenwärtiger Stand und neueste Litteratur der Gewinnbetheiligung.

16.) Privatberichte der verschiedenen Fabrikdirektionen.

17.) Osinski: „Nauka o rudach zelaznych". z. v. 1782.
     („Die Lehre von den Eisenerzen". Warschau 1782.)

18.) Zabecki „Górnictwo w Polsce". Warszawa 1841.
     („Der Bergbau in Polen". Warschau 1841.)

19.) Bandtke: Jus Poloniae.

20.) Neues Gesetz, betreffend Bergbau im Königreich Polen vom 10. Mai und 9. Juni 1892.

KARTE

Bezeichnungen.

- Gouv. Grenzen.
- I. Inspectionsbez. (Westlicher).
- II. Inspectionsbez. (Oestlicher).
- Flüsse.
- Eisenbahnen.

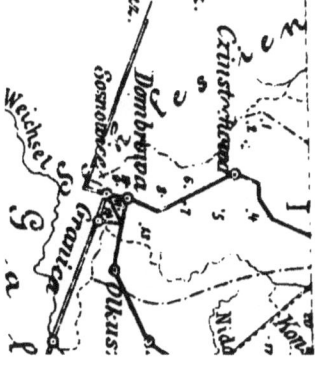